EBS 강사가 추천하는
PAV 모빌리티 인기학과 진로코칭

EBS 강사가 추천하는
PAV 모빌리티 인기학과 진로코칭

펴낸날 2022년 5월 10일 1판 1쇄

지은이 정유희·안계정·장현아
펴낸이 김영선
책임교정 정아영
교정·교열 이교숙, 이라야
경영지원 최은정
디자인 박유진·현애정
마케팅 신용천

펴낸곳 (주)다빈치하우스-미디어숲
주소 경기도 고양시 일산서구 고양대로632번길 60, 207호
전화 (02) 323-7234
팩스 (02) 323-0253
홈페이지 www.mfbook.co.kr
이메일 dhhard@naver.com (원고투고)
출판등록번호 제 2-2767호

값 16,800원
ISBN 979-11-5874-149-5 (44370)

EBS 강사가

추천하는

PAV 모빌리티

인기학과 진로코칭

정유희·안계정·장현아 지음

미디어숲

추천사

　이 시대는 대학의 중요성보다 본인의 진로에 맞는 학과의 선택이 중요합니다. 그러기 위해서는 자신이 진학한 학과에 대한 탐색이 필요합니다. 최근 학생들은 전망이 밝은 직업군에도 관심이 많습니다. 하지만 학생들이 생각하고 원하는 학과나 직업이 아직까지도 한정적이라는 부분은 항상 안타깝습니다. 이 책은 모빌리티 관련 최근 동향과 앞으로의 비전을 보여주고 있습니다. 미래를 위해 지금 어떤 것을 공부하고 준비해야 하는지 잘 설명되어 있습니다. 이 책을 잘 활용하여 본인에게 맞는 학과를 선택한다면, 대학에서 학문의 즐거움과 취업까지도 누릴 수 있으리라 생각합니다.

경상국립대 물리학과 정완상 교수

　『진로 로드맵 시리즈』는 이미 시장에서 입시 전문가들과 학부모들이 찾아보는 필독서가 되었다. 이번에 출간하는 『EBS 강사가 추천하는 PAV 모빌리티 인기학과 진로코칭』은 최근 선호도가 점차 높아지고 있는 PAV에서 도심항공 모빌리티(UAM), 위그선, 하이퍼루프에 이르기까지 모빌리티의 다양한 분야를 탐색할 수 있다. 학과뿐만 아니라 졸업 후 진로에 대한 세부 로드맵이 담겨 있다. 이 분야를 지원하거나 관심 있는 학생들과 학부모 그리고 컨설턴트들에게는 꼭 추천할 만한 책이다.

서정대, 한국전문대학교육협의회 국제협력실장 조훈 교수

전공과 계열을 찾아가는 가이드북이 있으면 시간과 공간이 절약됩니다. 적성과 흥미를 기반으로 하여 진로를 탐색하는 데 도움이 되는 정보는 독자들에게는 기쁜 소식입니다. 항공우주공학과를 가는 길뿐만 아니라 무인항공기학, 스마트 팩토리학, 철도공학 등 모빌리티 산업을 폭넓게 확인할 수 있습니다. 또한 세부적인 내용으로 학과 관련 탐구활동도 할 수 있습니다. 진로를 고민하는 청소년들에게 적극 추천합니다.

호서대, 한국진로진학연구원장 정남환 교수

평소 많은 학생이 관심을 가지고는 있지만 잘 알지 못했던 분야인 모빌리티 산업에 대한 소개와 자율주행기술로 항공, 택시, 기차 등 폭넓게 적용되는 것을 이해하는데 잘 설명한 책이 드디어 출판되었다. 모빌리티 산업의 이해를 돕기 위해 그림 자료와 함께 모빌리티와 관련된 다양한 단어사전을 소개하였다. 대륙간 로켓비행, 하이퍼루프뿐만 아니라 에어택시, 위그선에 이르기까지 다양한 내용을 알려주어 이 책 한 권을 통해 모빌리티 산업의 흐름을 파악하는 데 도움이 될 것이다. 자신의 진로를 구체적으로 설정할 수 있을 뿐만 아니라, 스스로 활동을 통해 탐구로 이어나갈 수 있도록 도움을 줄 것이다.

영남고 진로교육부장 김두용 교사

이 책은 4차 산업혁명에서 매우 중요한 모빌리티의 길라잡이로 학생들에게는 가이드의 역할을 하여 꿈을 이루도록 하는데 지침서의 역할을 할 것으로 봅니다. 상담을 하다 보면 자율주행차, 항공우주 분야에 진로를 희망하여 학생부종합전형을 준비하는 학생들이 많습니다. 하지만 모빌리티 분야가 어떻게 발전되고 있는지, 연구 분야는 어떤 것들이 있는지, 어떤 내용을 자신의 학생부와 연결시켜야 하는지 등 다양한 배경지식이 없어 힘들어합니다. 그런 학생들에게 이 책이 징검다리가 되어 학생들의 꿈에 한발 더 다가갈 수 있었으면 합니다.

오내학교 회장, 진로진학부장 정동완 교사

모빌리티 신설학과가 생길 정도로 관련 전문 인재가 많이 필요하다는 것을 알고 있습니다. 그런데 학교에서 어떤 것을 준비해야 하는지 교사, 학생 모두 힘들어하고 있는 실정입니다. 또한 코로나로 인해 가속화된 과학의 발달 역시 따라잡기 버거웠던 것도 사실입니다. 하지만 이 책을 보니 조금 안심이 됩니다. 목차만 봐도 책의 깊이와 폭을 한눈에 알 수 있을 만큼 양질의 정보를 담고 있습니다. 좋은 책 출간해주셔서 감사합니다.

거창고 진로진학부장 손평화 교사

최근 학교 현장에서 학생들을 마주하다 보면 자율주행차에 대한 관심이 깊어지고 있다는 것을 알 수 있습니다. 이 책을 통해 현재 기업들의 자율주행기술을 활용하여 생활 속에서 어떻게 접목하는지 확인할 수 있으며, 모빌리티 산업에 대한 기초적인 개념과 관련 진로를 확인해 볼 수 있습니다. 2022년 개정 교육과정 속에서 모빌리티 학과에 관심이 있는 중·고등학생들이 어떻게 대비해야 할지 그 방법과 방향성을 제시합니다.

서울 광성고 생물담당 장동훈 교사

21세기 차세대기술로 각광받고 있는 전기와 수소를 활용한 드론택시 기술과 관련된 산업의 현황 및 최근 이슈를 자세하게 제시한 내용이 인상적입니다. 막연히 에어택시 관련 진로를 생각만 하고 있었던 학생들에게 이 책을 전해준다면 구체적인 진로로드맵을 세울 수 있을 것입니다. 또한 관련된 학과를 진학하기 위한 자세한 진로진학에 대한 정보까지 담고 있습니다. 만약 모빌리티 산업과 관련된 진로를 꿈꾼다면 이 책을 꼭 읽어봐야 할 책으로 추천합니다.

안산 광덕고 수학담당 김홍겸 교사

학교 현장에서 학생들에게 모빌리티 산업에 대하여 설명해주면서 그 중요성을 알려주는 데에 어려움을 느꼈습니다. 이 책은 미래 모빌리티 산업에 대해 길라잡이 역할을 해주면서 용어사전까지 겸비해, 기본 개념을 익힐 수 있습니다. 또한 우주항공기, 자율주행 스마트 선박, 개인항공기, 하이퍼루프, 위그선에 이르기까지 미래 발전방향까지 상세히 안내해 주고 있습니다. 일반 고등학교 학생들뿐만 아니라 특성화고등학교 학생들의 진학과 진로를 결정할 때에도 유용하게 활용될 수 있는 도서가 될 것으로 기대합니다.

서귀포산업과학고 발명과학부장 서영표 교사

『EBS 강사가 추천하는 인기학과 진로코칭 시리즈』는 기존 도서와는 다르게 4차 산업혁명을 주도하는 분야의 최신 경향 및 관련 산업 분야의 기술 동향 흐름을 빠짐없이 제공하고 있습니다. 따라서 중·고등학생 및 학부모, 특히 현장에서 진로진학 컨설팅을 하는 현업종사자분들에게 상담에 필요한 메뉴얼의 역할을 톡톡히 해낼 것입니다. 학생들의 관심 분야에 관련된 국내외 최신정보와 해설, 새롭게 바뀐 고교 교육과정과 각 분야의 대학학과 정보를 함께 제공하고 있습니다. 특히, 학부모님들이 교과서만으로 충족하기 힘든 다양한 학습자료와 탐구주제들을 동시에 만족시킬 수 있는 참고서적으로 평가하고 싶습니다.

두각학원 입시전략연구소 전용준 소장

대학에서 원하는 역량을 어느 정도 준비했나요?
기업에서 요구하는 역량을 어느 정도 갖추었나요?

아직도 대학 이름이 중요하다고 생각하나요?

학생들의 인구는 점점 줄어들고 있어 모든 학생이 대학을 갈 수 있는 시대입니다. 하지만 현실을 들여다보면, 그다지 밝지 않습니다. 대학의 타이틀을 중시해서 마음에 없는 학과를 선택해 자퇴를 하고, 휴학을 하는 학생들도 무척 많다고 합니다. 그럴듯한 이름의 학과를 선택했지만 생각했던 바와는 다른 공부를 하고, 대학에서 배운 학문으로 취업을 하자니 딱히 하고 싶은 일도 없고, 가고 싶은 직장도 없다고 합니다.

왜 우리는 12년간 미래를 위해 열심히 준비를 해놓고, 중요한 순간에 엉뚱한 선택을 하는 걸까요? 자신의 진로에 대해서 큰 고민도 하지 않고 현명한 도움도 받지 못해서입니다. 앞으로는 전략적으로 취업이 보장되는 학과에 관심을 가져야 합니다. 각 기업마다 지역인재전형이 늘어남에도 불구하고 지방 거점 국립대도 인원을 다 모집하지 못하고 있습니다. 이제는 단순히 대학입학을 위한 역량을 갖출 것이 아니라, 시대에 적합한 역량을 갖추고, 인공지능을 활용해 비정형

화되고, 복잡한 문제를 해결할 수 있는 능력을 갖춰야 하는 시대입니다. 바로 이런 인재를 '창의융합형 인재'라고 합니다.

여기에 발맞춰 정부에서도 학생들이 배우고 싶은 과목을 스스로 선택해 공부할 수 있도록 공동교육과정을 운영하고 있습니다. 뿐만 아니라 학생 맞춤형 교육과정인 '2022 개정 교육과정'을 운영하기 위해 디지털과 인공지능 교육 학습 환경도 조성하고 있습니다. 특히, 자신의 진로와 흥미에 맞는 과목을 선택할 수 있도록 진로 선택 과목과 융합선택 과목을 개설해 미래사회에서 요구하는 인재로 성장하는 다양한 기회를 제공하고 있습니다.

이 책은 4차 산업혁명 시대에 필요한 인재들이 반드시 알아야 할 이슈와 교과목 선택 안내, 우리 주변에서 할 수 있는 탐구활동을 소개해 학생들이 관련 진로를 선택하는 데 도움을 주고자 했습니다.

『EBS 강사가 추천하는 인기학과 진로코칭』 시리즈의 특징은 점점 갈수록 진로 선택의 시기가 빨라지는 만큼 중학생들도 자신의 진로를 탐색할 수 있도록 쉽고 재미있게 집필했습니다. 또한 성적이 낮아 진로 선택에 고민이 많은 학생도 자신의 꿈을 이룰 수 있도록 다양한 진로 방법을 소개하였습니다. 특히, 특성화고, 마이스터고, 폴리텍대학 등에 진학한 학생들의 취업을 보장하며, 고액의 연봉을 받는 전문직종에 진입할 수 있는 방법도 소개합니다.

현대차가 보스턴 다이내믹스 로봇기업을 인수하자 많은 사람이 모빌리티 산업에 많은 관심을 쏟았습니다. 『EBS 강사가 추천하는 PAV 모빌리티 인기학과 진로코칭』은 이러한 시대적 배경을 반영한 도서입니다. '왜 모빌리티 산업에 관심을 가져야 하는지', '교통체증에 영향을 받지 않으면서 편리하게 이동할 수 있는 드론택시는 무엇인지', '섬을 편리하게 여행할 수 있는 위그선과 한국에서 유

럽까지 일일생활권으로 만들어주는 하이퍼루프, 대륙간 로켓비행이 무엇인지'
에 대해 소개하였습니다.

모빌리티 산업과 관련된 항공우주학과, 무인드론학과, 철도시스템학과, 스마트팩토리학과 등 취업이 보장된 학과의 교육과정을 살펴 보면서 학교에서 공부해야 할 분야를 확인하고 관련 탐구활동과 진로역량을 키울 수 있습니다.

아울러 모빌리티에 대한 다양한 지식을 제공해 모빌리티 관련 학과로의 진로와 취업을 희망하는 학생들과 같이 고민하면서 꿈을 이룰 수 있도록 구성하였습니다.

이 책은 전공에 대한 이해도와 관심을 높여 학생들의 꿈이 성적에 관계 없이 이루어질 수 있도록 다양한 정보를 실었습니다.

EBS 강사가 추천하는 약대 바이오 인기학과 진로코칭
EBS 강사가 추천하는 그래핀 반도체 인기학과 진로코칭
EBS 강사가 추천하는 배터리 에너지 인기학과 진로코칭
EBS 강사가 추천하는 PAV 모빌리티 인기학과 진로코칭
EBS 강사가 추천하는 로봇 인공지능 인기학과 진로코칭
EBS 강사가 추천하는 VR 메타버스 인기학과 진로코칭

6개의 가이드북은 학생들이 선택한 진로를 구체화하고 심층탐구 주제를 찾을 수 있도록 다양한 정보를 제공하였습니다. 따라서 학생들이 각 계열별 진로를 결정하는 데 도움을 줄 것으로 기대됩니다. 이 책을 통해 많은 학생이 어려움 없이 자신이 원하는 꿈에 이를 수 있길 바랍니다.

저자 정유희, 안계정, 장현아

차례

추천사
프롤로그
대학에서 원하는 역량을 어느 정도 준비했나요?
기업에서 요구하는 역량을 어느 정도 갖추었나요?

 PART 1 **모빌리티 산업의 길라잡이**

꿈의 철도, 하이퍼루프

조기취업형 계약학과 선도대학

모빌리티 산업의
길라잡이

모빌리티 산업은
어떤 특징이 있을까?

　4차 산업혁명 시대의 교통은 '교통 수단' 중심에서 '이동' 중심으로, '소유'에서 '공유'로, '공급자' 중심에서 '수요자' 중심으로 변화되고 있어 기존의 교통수단이 제공하던 서비스 영역을 넘나드는 다양한 교통서비스가 도입되고 있습니다.

　모빌리티(Mobility)는 이동성, 기동성을 의미하는 말입니다. 모빌리티 산업은 이동을 하기 위한 다양한 서비스나 수단을 뜻해요. 디지털 전환시대에 끊김 없는(Seamless) 맞춤형 이동 서비스가 확대되고 있어 로봇택시, 개인용 드론택시 등이 개발되고 있어요. 이러한 변화는 장기적으로 친환경적이면서 시·공간적 제약을 받지 않고 편리하게 이동하고자 하는 방향으로 발전할 것입니다. 여기에 추가적으로 자신이 사용하지 않는 시간에는 다른 사람들이 이용할 수 있도록 하여 추가적인 수익을 창출할 수 있는 방법으로도 활용될 수 있습니다.

퍼스널 모빌리티 : 퍼스널 모빌리티 디바이스(personal mobility device) 또는 퍼스널 라이트 일렉트릭 비히클(personal light electric vehicle)은 개인용 이동수단을 지칭하는 말이다.

MaaS : '서비스로서의 이동 수단'이라는 뜻으로 버스, 택시, 철도, 공유차량 등 다양한 이동 수단에 대한 정보를 통합해 사용자에게 최적의 루트를 제공하는 새로운 모빌리티 서비스를 말한다.

　최근에는 전동킥보드로 대표되는 **퍼스널 모빌리티**, 자율주행차, 도심항공 모빌리티(Urban Air Mobility) 등 다양한 디바이스들이 등장하고 있습니다. 그리고 기존 택시, 대중교통 수단인 버스와 지하철, 철도, 항공

등도 모빌리티 서비스 핵심인 **MaaS**(Mobility as a Service)로 짜임새 있게 연결될 수 있도록 연구 중입니다.

출처 : 쌍용자동차 공식 블로그사진

☑ 'MaaS'란 무엇일까요?

MaaS(Mobility as a Service)는 스마트폰 하나로 카셰어링뿐만 아니라 철도, 택시, 자전거, 전동 스쿠터, 라이드셰어, 렌터카, 주차장 그리고 숙박에 이르기까지 포괄적인 이동 서비스를 제공하는 개념을 말합니다. 한 이용자가 스마트폰 앱을 켜서 출발지와 도착지를 입력하는 동시에 원하는 교통수단을 선택합니다. 대중 교통이 될 수도, 개인용 이동수단이 될 수도 있겠죠? 이제 이 이용자는 모빌리티 서비스 어플이 제공하는 가장 최적화된 수단으로 예약 및 결제를 한 번에 해결할 수 있습니다.

앞으로 모빌리티 산업은
어떤 변화가 있을까?

코로나19로 자율주행 모빌리티는 더욱 확대 적용되었습니다. 중국은 코로나 확산 지역에 자율주행 배송로봇으로 우한 지역병원의 의료용품, 장비, 음식 배송과 거리 소독에 투입되었어요. 그동안 중국은 10개 도시, 100여 곳의 대학 캠퍼스, 공원 등에서 테스트를 진행하여 레벨4 수준으로 발전시킬 수 있었어요.

MZ세대 : 1980년대 초~2000년대 초 출생한 밀레니얼 세대와 1990년대 중반~2000년대 초반 출생한 Z세대를 통칭하는 말이다. 디지털 환경에 익숙하고, 최신 트렌드와 남과 다른 이색적인 경험을 추구하는 특징을 보인다.

모빌리티는 2010년대부터 공유경제가 대세가 되었습니다. 2020년대에는 렌트나 구매보다 비용 면에서 효과적인 구독경제로 바뀌고 있어요. 이는 **MZ세대**와 신차를 선호하고 관리를 번거로워하는 사람들이 공유와 소유 사이의 임시소유(Temporary Ownership) 형태를 추구하며 새롭게 생긴 비즈니스 모델입니다.

또한 사물인터넷을 통해 자동차와 집을 연결하는 카투홈(Car-to-Home) 기능으로 집안의 조명을 비롯해 에어컨, 스마트플러그 등을 차에서 제어할 수 있도록 발전하였습니다. 이와 함께 스마트폰처럼 자동차를 결제수단으로 활용할 수 있는 기술도 개발되었어요. 신용카드 정보를 자동차 인포테인먼트 시스템에 삽입하는 방식으로, 차량 내 결제 시스템을 지원하여 주유소나 주차장, 드라이브 스루 등 비용 지불이 필요한 상황에서 편리한 결제가 가능해요.

1 UAM(Urban Air Mobility:도심항공 모빌리티)
- PAV(Personal Air Vehicle)와 도심항공 모빌리티 서비스를 결합, 하늘을 이동통로로 이용할 수 있는 모빌리티 솔루션
- 수직 이착륙이 가능한 PAV를 활용하여 활주로 없이 도심 내 비행 가능
- Hub 최상층에 위치한 이착륙장(Skyport)을 통해 Hub와 연결

2 PBV(Purpose Built Vehicle:목적 기반 모빌리티)
- 설계에 따라 카페, 병원 등 맞춤형 서비스를 이동 중 자유롭게 이용하는 도심형 친환경 모빌리티
- Hub 1층에 위치한 도킹 스테이션에 결합해 Hub와 연결

3 Hub(모빌리티 환승 거점)
- UAM과 PBV를 연결하는 구심점으로 PBV와 결합하여 새로운 커뮤니티로 탄생

출처 : Future Mobility Vision(현대자동차)

또한 내비게이션 자동 무선 업데이트 서비스도 제공되고, 차량용 소프트웨어도 자동으로 업데이트를 받을 수 있도록 서비스를 발전시켜 나가고 있어요. 여기에 증강현실 내비게이션과 차량 내 결제가 포함된 첨단 인포테인먼트 시스템을 개발하여 탑승자와 자동차의 연결성을 강화시키는 혁신적 기술들이 대거 적용되고 있습니다.

더 나아가, 첨단운전자보조시스템(ADAS: Advanced Driver Assistance System)의 센서들을 통해 수집된 차선, 전방 차량 및 보행자와의 거리 정보를 활용해 차로를 이탈하거나 충돌 위험이 판단되면 경고음과 함께 위험 상황을 알려줌으로써 안전운행을 지원하는 다양한 모빌리티 소재, 부품, 장비산업도 발전하고 있답니다.

자율주행차의 핵심 센서인 레이더, 라이다, 카메라 시스템 등의 발전으로 자율주행의 현실화에 한 발짝 더 가까워지고 있지만, 센서들은 시야를 벗어나지 않은 영역 내에서만 활용할 수 있다는 제약 조건이 있습니다. 차량 간 유·무선망을 통해 정보를 공유할 수 있는 V2X(Vehicle to Everything communication) 기술을 접목하여 센서의 제약 조건을 보완 가능하며, 시야 제약조건에 구애 받지 않는 360° 인식 능력을 제공합니다. 즉, 시야 확보가 어려운 교차로나 기상 악화 상황에서도 더 멀리 볼 수 있도록 보완해 주는 기술이 적용되고 있어요.

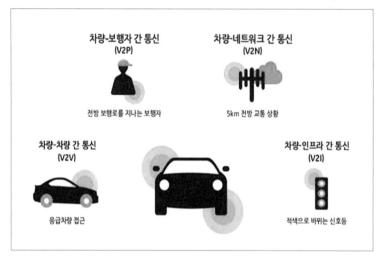

출처 : 자율주행차 핵심기술 V2X(도로교통공단)

현재 우리나라는 평균수명의 증가와 함께 합계 출산율이 1명 미만인 저출산·고령화 사회로 진입하고 있어요. 이미 65세 이상이 7% 이상인 고령화 사회에 진입한 우리나라는 곧 65세 이상이 20%가 넘는 초고령 사회로 진입하기에 공유경제 모빌리티 서비스는 더욱 성장할 것입니다.

모빌리티 산업의
신기술

미래 메가트렌드를 전망해 보자면, 사회구조의 변화나 기술의 발전, 경제구조의 변화로 밀도가 집중화된 물리적·사회경제적 공간에서 효율적인 모빌리티 서비스는 필수불가결한 요소가 되었습니다. 이에 발맞춰 새로운 패러다임의 자율차 기반의 공유 모빌리티 서비스 체계가 도래할 것입니다.

교통상황 예측 서비스와 주차정보 예측 서비스는 2025년까지 모든 대중교통수단과 전국의 주요 도로에 대하여 통행시간을 예측하고, 대중교통 통행시간과 도로의 통행시간을 연동하여 공유 차량에 의한 이동과 대중교통수단에 의한 이동을 예측할 수 있는 시스템으로 발전될 것입니다. 또한 공영주차장과 민간주차장을 연동하여 실시간 주차장 이용정보뿐만 아니라, 과거 주차장 이용정보를 기반으로 예측 주차장 이용정보 등이 제공될 수 있을 것입니다. 이러한 정보를 활용하면 앞으로 주차를 위해 여러 주차장을 헤매 다닐 필요가 없겠죠.

실시간 교통 예측 기반 네트워크를 최적화하면 교통 정체가 사라지면서 편리하게 이동할 수 있는 시대가 되는 것이죠. 지금은 어딘가로 이동하기 전에 내비게이션으로 검색해 언제 몇 시에 출발하면 몇 시간이 소요될 것이라고 확인하는데, 여기에서 그치는 것이 아니라 통행예약제를 통해 정체 없이 이동할 수 있는 시대가 될 것입니다.

C-ITS : 차세대 지능형 교통시스템을 말한다.

이 같은 자율 주행차의 원활한 운행을 위해서는 C-ITS(Cooperative Intelligent Transportation System)의 서비스가 도입되어야 해요. 그러기 위해서는 개개인에게 더 정확하고 최적화된 서비스를 제공하고 정보를 공유해야 합니다.

따라서 정부는 개인정보 침해를 최소화하면서 여러 종류의 데이터를 융합해 분석하는 것이 가능할 수 있도록 방안을 모색하고 있습니다. 지불 및 정산 처리, 교통상황예측, 통행예약제 및 이용자 관심지점(POI) 정보 기반 여정 계획 서비스 등이 자율주행차량에 활용될 수 있도록 자율주행차량과 일반 차량 간의 조화로운 연계(Coordination)가 가능하도록 발전시키고 있습니다.

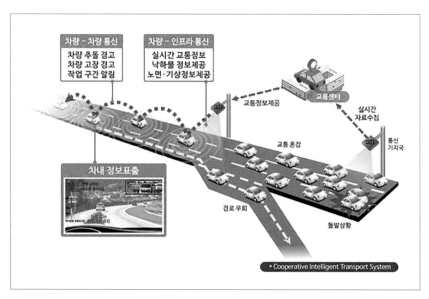

출처 : C-ITS 개념도(도로교통공사)

유망한 모빌리티 기업

① 차량공유 모빌리티

☑ 소유에서 차량 공유시대로 변화되고 있다고?

차량공유는 크게 '쏘카'나 '그린카'처럼 전통적인 렌터카 사업과 비슷하나 영업소를 통해 차량을 빌리는 것이 아닌, 플랫폼을 이용해 간편하게 차량을 대여하는 '카셰어링(Car-Sharing)'과 '카카오 택시'나 '우버'처럼 이동을 원하는 소비자와 이동 서비스를 제공하는 사업자를 실시간으로 연결하는 '카헤일링(Car-Hailing)', '풀러스'가 있으며, 자동차를 함께 타는 '라이드셰어링(Ride-Sharing)' 등으로 나눌 수 있습니다. 하지만 우리나라는 카셰어링을 제외한 차량공유 서비스가 제한적으로 제공되고 있습니다.

공유경제에 대한 관심 속에서 차량공유 시장은 가파른 성장세를 보이고 있습니다. 글로벌 컨설팅업체 맥킨지는 차량공유의 확산으로 2030년에는 일반소비자 자동차 구매가 현재보다 최대 연간 400만 대 감소하며, 차량공유용 판매는 200만 대 증가할 것으로 전망하고 있습니다.

삼정 KPMG는 2035년부터 완성차 수요가 연평균 4.4%씩 감소하는 반면, 전 세계 공유차량 보유대수는

> **삼정 KPMG** : 회계감사 서비스를 비롯해 조세 및 재무 경영 진단, Financing, 자산관리에 이르기까지 기업 경영 전반에 걸친 종합적인 서비스를 제공하는 회계법인이다.

2040년에 16%까지 증가함에 따라 차량공유 시장이 2040년까지 가파른 성장률을 기록해 장기적으로는 공유차량 보유 대수가 완성차 수요를 앞지를 것으로 예측하고 있답니다.

차량공유 종류			대표기업
카셰어링 (Car Sharing)	Peer-to-peer car sharing (P2P)	기존 자동차 소유자가 다른 사람들이 짧은 시간 동안 차량을 대여해주는 서비스 방식	스냅카(SnappCar)
	Stationary car sharing (B2C)	이용자가 서비스 지점으로 이동하여 차를 대여 및 이용 후 다시 해당 지점으로 반납하는 방식	집카(Zipcar) 플링스터(Flinkster)
	Free-floating car sharing (B2C)	이용자가 주변에 이용가능한 차량을 검색하여 대여 및 이용 후 가 반납장소(노상주차장 내 전용주차구역 등)를 검색하여 반납하여 단반향(Oneway)이용 가능	셰어나우(car2go와 DriverNow 합병) 윗카(Witcar)
라이드셰어링 (Ride Sharing)		카풀의 개념과 같으며 이동을 원하는 차를 보유한 개인과 목적지 방향이 유사한 개인을 연결해주는 서비스	풀러스 우버풀 벅시
카헤일링 (Car Hailing)		이동을 희망하는 고객과 차량을 보유한 사업자를 직접 연결해주는 서비스로 원하는 위치와 시간에 승차 서비스를 이용할 수 있는 호출형 승차공유 서비스(Ride Hailing)*, 공유 자동차를 원하는 위치로 부르는 호출형 차량공유 서비스(Car Hailing)가 있음 * 기존의 라이드셰어링이 라이드헤일링으로 변화되는 추세임	우버(Uber) 리프트(Lyft) 디디(Didi Chuxing) 그랩(Grab) 카카오택시

출처 : TaaS 투자로 본 모빌리티 비즈니스의 미래 재구성(KPMG)

기존의 모빌리티 서비스가 단순히 차량과 승차를 공유·대여하는 방식이었다면, 이제는 자율주행 기술이 연계되어 운전자의 개입 없이 모빌리티 서비스를 제공할 수 있어 실제 자동차를 소유한 것처럼 원하는 장소, 원하는 시간에 차를 호출해 편리한 서비스 이용이 가능한 시대가 올 것입니다.

향후 10년 내에 전체 승객 이동의 95%가 자율주행으로 재편될 것으로 예측하고 있습니다. 테슬라는 스마트폰을 사용해 가까이 있는 테슬라 차량을 자동운전 모드로 호출해 목적지까지 무인운전 상태로 이동하는 로보택시(Robotaxi)를 2022년까지 100만 대 보급할 예정이라고 밝혔어요. 이 외에도 테슬라는 국내

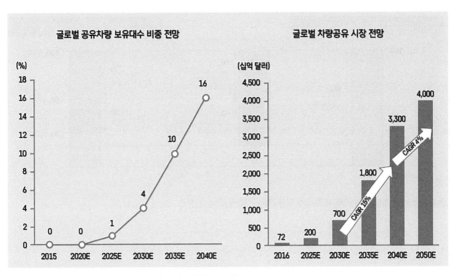

출처 : TaaS 투자로 본 모빌리티 비즈니스의 미래(KPMG)

차량공유 업체인 쏘카와 협약을 통해 이용자가 테슬라 모델S를 대여해 평소에는 자차처럼 사용하되 쓰지 않는 시간에는 타인에게 공유할 수 있는 서비스(카헤일링 모델)를 제공할 계획입니다.

> **카 헤일링** : 택시가 아닌 일반 사람들의 차를 호출해 일정한 비용을 지불하고 원하는 목적지까지 동승하는 서비스를 말한다.

② 로봇택시(로보택시)

자율주행 기술이 완성되면 로봇택시가 운영되며, 이는 로봇택시 비즈니스 모델 실현의 출발점이 될 것입니다. Driver가 없는 자동차를 통한 비용 절감을 위해 플랫폼과 디바이스를 공유하는 방향으로 변화하고 있어요. 특히, 자동차 회사들도 새로운 비즈니스 모델로 로봇택시를 만들어 추가적인 수익을 얻기 위해 노력하고 있습니다.

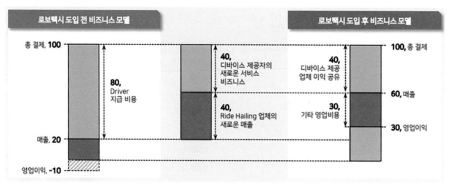

출처 : 로보택시 상용화 이후 비즈니스 모델(메리츠증권 리서치센터)

> **컨베이어 제조방식** : 한 지점에서 다른 지점으로 물건 또는 소재를 운반하는 기계적 장치(mechanical handling equipment)를 말한다. 포드 자동차에 의해 1913년 최초로 도입되었다.

기존 자동차 산업은 소품종 대량생산을 위한 컨베이어 제조방식을 채택했지만, 로보택시는 완전 자동화로 주문이 들어가면 생산하는 방식입니다. 기술의 발전으로 로보택시는 로봇이 자동화 공정으로 생산하게 됩니다.

현대차는 자동차 설계 및 제조 기술을 가지고 있어 자율주행 기술을 가진 모셔널 기업과 연합한 뒤, 자율주행 플랫폼을 개발해 2015년에 최초의 완전자율주행차로 미국 횡단에 성공했습니다. 일반인을 대상으로 미국 라스베이거스에서 로보택시 서비스에 나섰고, 현재까지 라스베이거스에서만 10만 회 이상의 탑승 서비스를 제공했어요. 2016년엔 싱가포르에서 세계 최초 로보택시 시범사업을 진행했지요.

또한 모셔널(Motional) 자율주행시스템을 접목해 2022년부터 아이오닉5 로보택시를 본격적으로 양산해 2023년 미국에 로보택시 서비스를 제공할 계획을 가지고 있습니다. 이외에 해외 다양한 기업과 모빌리티 사업을 진행하며 로봇택시 서비스를 제공한다고 합니다.

출처 : 현대차 해외 모빌리티 사업 현황(현대자동차)

③ 개인항공택시

현대 사회는 수많은 자동차의 교통 혼잡으로 지상 교통의 한계와 환경문제로 새로운 교통수단이 필요하게 되었습니다. 2019 세계교통현황 분석자료(Global Traffic Scorecard)에 따르면, 영국은 교통 정체로 인해 도로에서 허비하는 시간이 평균 115시간으로 추정되며, 가치로 환산하면 1인당 약 137만원을 길에 버리는 셈이라고 해요. 우리나라도 한국교통연구원에서 2015년도에 발표한 전국 교통혼잡비용 산출과 추이 분석에 따르면, 교통혼잡 비용이 무려 33조 3천억 원에 달할 정도로 길에 버려지는 에너지와 비용이 갈수록 증가하고 있습니다. 따라서 새로운 교통수단의 필요성이 대두되고 있습니다.

전 세계적으로 도시화(Urbanization)가 빠르게 진행되고 있는데 UN 경제사회국에 따르면, 2010년을 기점으로 전 세계 도시인구가 지방 인구를 추월하기 시작했습니다. 도시화율이 2018년 55.3%에서 2020년에는 56.2%으로 증가되어, 2050년의 전 세계 도시화율은 무려 68.4%에 이를 것으로 전망하고 있습니다.

UN의 조사결과, 전 세계에 1,000만 명 이상이 거주하는 메가시티(Megacity)는 1990년 10개에 불과하였으나, 2018년 33개로 증가했고, 2030년에는 43개에 이를 것으로 전망하고 있어요. 따라서 이런 교통 혼잡의 개선을 위해 지하철, 버스와 같은 대중교통의 공급을 무한정 늘릴 수는 없으므로 혁신적인 교통시스템인 드론택시가 필요하게 되었답니다.

틸트로터 (Vectored Thrust)	고정익·회전익 복합 (Lift + Cruise)	멀티로터 (Wingless Multirotor)

출처 : eVTOL Classification system(한국항공운항학회)

S-A1(현대)	버터플라이(한화)	오파브(항우연)

출처 : Domestic PAV development mode(한국항공운항학회)

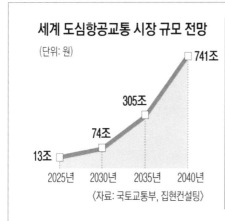

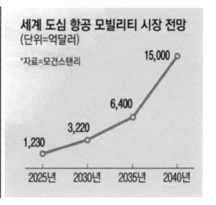

출처 : Market outlook(한국항공운항학회)

    인천공항에서 서울역까지 택시로 이동 시 약 62분이 소요(환승, 연결시간 포함)되는데, 드론택시를 이용하면 이동거리 30km당 비행시간 10분이라고 가정해, 인천공항에서 서울역까지 18분 소요됩니다. 최단거리로 이동 시에는 15분 만에도 도착할 수 있습니다.

    앞으로 개인용 도심항공(PAV 또는 UAM)의 지속적인 발전으로 항공기, 전용터미널, 정비, 운항지원서비스 등 관련 산업까지 고려한다면 생산유발 효과는 더욱 높아질 것입니다.

PAV(Personal Air Vehicle) : 개인용 비행체를 말한다.

UAM(Urban Air Mobility) : 도심항공교통으로 하늘을 이동 통로로 활용하는 미래의 도시 교통 수단을 말한다.

인천공항 공항셔틀 노선

[차량과 UAM(아라뱃길 및 한강)의 이동시간 비교]

(단위 : km/분)

노선	여의도역		서울역		강남역	
수단	차량	UAM	차량	UAM	차량	UAM
거리	54	53	60	56	66	63
시간	52	17	62	18	73	21
비교	35분 단축		44분 단축		52분 단축	

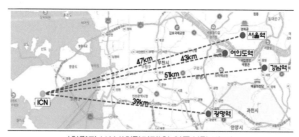

[차량과 UAM(최단거리)의 이동시간 비교]

(단위 : km/분)

노선	여의도역		서울역		강남역	
수단	차량	UAM	차량	UAM	차량	UAM
거리	54	43	60	47	66	51
시간	52	17	62	15	73	17
비교	38분 단축		47분 단축		56분 단축	

출처 : Comparison road vs air from Incheon Airport(한국항공운항학회)

④ 초고속열차(하이퍼루프)

KTX(시속 300km)보다 빠른 시속 400km 이상인 초고속열차 기술을 확보한

나라는 한국, 미국, 일본, 프랑스, 중국 등입니다. 한국은 동력 분산식 구조인 최고속도 시속 430km의 해무(HEMU-430X)를 개발하였고, 약 10만km의 시운전에 성공했답니다.

미국 하이퍼루프(Hyper loop)는 일론 머스크(Elon Musk)의 아이디어에서 제안된 시속 1,200km의 신개념 열차로, 아진공(진공에 가까운) 튜브 안의 레일에 자기장을 발생시켜 운행하는 원리로 현재 개발 중인 초고속 열차입니다.

출처 : 한국, 일본, 미국 초 고속열차 현황(국토연구원)

국내에서는 시속 1,200km 이상의 속도를 목표로 아음속 캡슐트레인 하이퍼튜브(HTX)를 연구개발 중이며, 2020년 11월, 17분의 1로 축소해 만든 공력시험 장치에서 시속 1,000㎞ 이상의 속도로 운행 성공했습니다. 최고 시속 1,200㎞로 움직일 수 있도록 개발한다면 부산과 서울을 20분 이내에 주파할 수 있는 속도입니다.

이처럼 초고속열차는 두 지역 간의 통행시간을 획기적으로 개선함과 동시에 인간의 삶과 생활 패턴의 변화 등 사회·경제적으로 큰 변화를 일으킬 것으로 예상합니다.

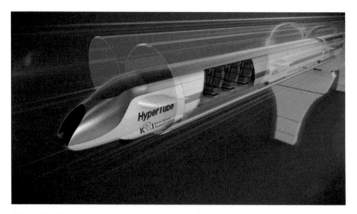

출처 : 한국형 초고속 진공 열차인 '하이퍼튜브'(한국철도기술연구원)

여객용 하이퍼루프 세계시장이 2022년 약 1조 5천억 원에서 2026년 약 6조 1천억 원으로 성장해 연평균성장률이 약 41%에 이르고, 화물용 하이퍼루프 시장은 2023년 약 6,272억 원에서 2026년 약 1조 2천억 원으로 연평균 성장률을 약 32%로 예측하고 있어요. 특히, 성장 동력 부재로 인한 경제침체의 사회에서 HTX 실용화 기술을 선점할 수 있다면 세계시장을 선도하고 국가경제의 새로운 성장 동력의 기반을 마련할 수 있을 것으로 기대하고 있습니다.

⑤ 대륙 간 로켓여행

초음속 비행은 비행기가 음속보다 더 빠르게 이동하는 것을 말해요. 이는 고도 6만 피트(1만 8,300m)에서 시속 1,060km보다 더 빨리 비행한다는 것이죠. 일반적인 여객기는 약 시속 900km의 속도로 순항하지만, 오버추어는 마하 1.7(시속 1,805km)의 속도로 비행할 수 있어요. 이 속도라면 런던-뉴욕 구간 등 대서양 횡단 노선의 비행시간을 3시간 단축해 3시간 30분 만에 도달할 수 있답니다.

출처 : 붐 '오버추어' 디지털 모델(유나이티드)

　일론 머스크 스페이스X 최고경영자(CEO)는 2017년 9월 멕시코 국제우주대회에서 '로켓 지구여행' 계획을 발표하며, 뉴욕에서 로켓에 탑승해 단 39분 만에 상하이에 도착하는 내용의 영상을 공개했습니다. 이는 대륙간탄도미사일(ICBM)의 앞부분에 핵폭탄 대신 승객용 객실을 만들어 사람들을 실어 나르겠다는 계획입니다. 로켓의 최고속도는 시속 2만 7,000km로, 이를 통해 지구 어디든 1시간 이내 도착할 수 있어요.

　현재 스페이스X는 로켓 일체형 우주선 '스타십(Starship)'을 개발해 지구여행이 스타십만으로도 가능하도록 연구하고 있어요. 일론 머스크는 랩터 엔진을 2~4개 더 탑재해 음속의 최고 20배 속도인 1만km 속도로 이동할 계획입니다.

　우선 로켓 발사 비용을 줄이기 위해 1단 로켓을 회수하는 기술을 개발했어요. 이러한 로켓 재사용 기술을 기반으로 민간 우주여객기를 개발한다면 초고속

스페이스X : 미국의 민간 우주 항공 개발체. 스페이스X는 미국의 전기 자동차 회사 '테슬라 모터스'의 CEO 일론 머스크가 세운 민간 우주 개발업체이다.

랩터 : F22 전투기로서 1997년 미국 록히드마틴사(社)가 제작한 미국 공군의 차세대 스텔스 주력 전투기이다.

비행을 할 수 있는 대륙 간 로켓여객기가 될 수 있어요.

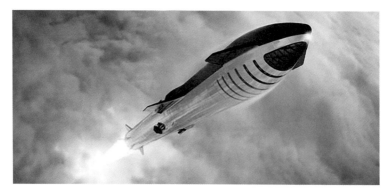

출처 : 역대 최대 로켓 '스타십 슈퍼헤비'(스페이스X)

⑥ **우주여행**

우리는 우주로 가는 꿈을 꾸었습니다. 그 꿈을 위해 두 억만장자 기업가는 새로운 우주산업과 우주 관광 개발을 위해 천문학적인 돈을 투자해 연구하고 있답니다.

뉴세퍼드 : 블루 오리진이 개발 중인 1단 우주 로켓이다. 발사체는 캡슐 부분과 부스터 부분으로 나눠지며, 캡슐은 낙하산으로, 부스터는 수직 착륙으로 회수되어, 전부 재사용된다.

2021년 7월은 '준궤도 여행'이라는 새로운 형태의 우주관광이 시작된 달로 기록될 거예요. 블루오리진의 창업자 제프 베이조스가 개발한 뉴세퍼드 로켓에 유인 캡슐을 싣고 수직으로 날아올랐다가 우주경계선에서 잠시 무중력 상태를 체험한 뒤, 푸르고 둥근 지구를 조망하고 내려오는 준궤도 여행에 성공했답니다.

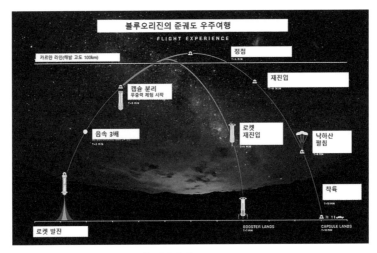

출처 : 블루오리진의 준궤도 여행(한겨레신문)

　　버진갤럭틱과 블루오리진 준궤도 여행의 편당 승객 수는 최대 6명인데 이번 비행에선 4명씩만 탑승했습니다. 버진갤럭틱의 유니티에는 승객과 별도로 조종사 2명이 함께 탑승해 만약의 사고를 대비했습니다.

　　이에 비해 스페이스X 크루드래곤은 인류 역사상 최초로 민간인이 민간 우주여행선을 타고 궤도비행에

버진갤럭틱 : 리처드 브랜슨 버진그룹 회장이 설립한 민간 우주탐사 기업이다. 2004년 설립된 버진갤럭틱은 2018년에 사상 최초로 민간인이 탑승한 유인 우주선 실험에 성공했다. 민간 우주여행에는 버진갤럭틱과 더불어 아마존 창립자 제프 베조스가 이끄는 블루 오리진, 전기자동차 업체인 테슬라 창업자 일론 머스크의 스페이스-X 등 3곳이 경쟁하고 있다.

출처 : 로켓여객기 화이트나이트2(버진갤럭틱), 뉴셰퍼드 로켓(블루오리진)

성공했답니다. 지구를 도는 인공위성처럼 궤도에 진입해 지구 주위를 빙글빙글 돌면서 우주를 감상하는 이 여정은 영화 속에서 보던 실제적인 우주여행과 비슷하답니다.

민간 우주 기업 스페이스X가 팰컨9 로켓의 1단을 9번 재사용해 총 10회 발사하는 기록을 세웠습니다. 팰컨9은 제조비용의 60~80%를 차지하는 1단 추진체를 재사용할 수 있도록 만들었어요. 1단 추진체에 여분의 연료를 주입하고 대기권의 마찰에 버틸 수 있는 열차폐막, 추진체를 기립시키기 위한 제어장치를 달아 임무를 수행한 후 지구로 돌아오도록 하여 재사용이 가능합니다.

우주 궤도는 크게 저궤도·중궤도·고궤도로 구분하는데 상공 100~2,000㎞가 저궤도, 2,000~3만 5,789㎞가 중궤도, 3만 5,789㎞ 이상이 고궤도로 분류됩니다. 지구의 자전속도와 동일한 속도로 적도를 따라 이동하는 정지궤도 위성은 고궤도에 위치해요. 크루드래곤에 탑승한 민간인들은 저궤도에서 비행합니다. 국제우주정거장(ISS)·허블우주망원경보다 높은 고도에서 세계 최초로 우주를 관광한다니 정말 놀라운 일입니다.

모빌리티 클러스터를 형성하면 어떤 점이 좋은가?

스마트모빌리티는 기존의 교통체계와 스마트 기기의 첨단 기능이 융합되어 더욱 지능화되고, 스마트화된 미래 교통서비스 제공을 말해요. 환경자동차의 보급 확대를 위해 보조금과 세제를 적극 활용하며, 독일의 경우 「e-모빌리티 법」을 통해 친환경자동차 이용률을 높이고 있습니다.

클러스터 : 유사 업종에서 다른 기능을 수행하는 기업, 기관들이 한곳에 모여 있는 것을 말한다. 클러스터는 직접 생산을 담당하는 기업뿐만 아니라 연구개발기능을 담당하는 대학, 연구소와 각종 지원 기능을 담당하는 벤처캐피털, 컨설팅 등의 기관이 한곳에 모여 있어서 정보와 지식 공유를 통한 시너지 효과를 노릴 수 있는 장점이 있다.

순위	분야	주요 핵심단어	빈도(횟수)	빈도(%)
1	패러다임 변화, 지능화	Paradigm shift, Advanced, Promising, Efficiency, Flexibility, Optimized, Innovation, Intelligent	51	28.7
2	공유화, 자동화, 전기화 개인교통, 통합화(MaaS)	Sharing, Automated, Electrification, MaaS	41	23.0
3	ICT 기술, 빅데이터, 디지털	ICT, Technology, Data, Digital, Communication	38	21.3
4	지속가능성 및 안전	Sustainability, Environmental, Green, Safety, Energy	37	20.8
5	삶, 연결, 포용, 성장	Life, Connected, Inclusiveness, Growth	11	6.2

출처 : 스마트모빌리티 핵심단어 그룹핑 (한국교통연구원_김태형)

스웨덴은 2030년까지 판매 승용차 100%를 탄소배출제로자동차(ZEV)로 전환한다는 계획을 발표했는데, 이는 유럽에서 가장 선도적인 친환경자동차 정책입니다. 스웨덴 정부가 2018년 7월 1일부터 강화한 보너스-맬러스 제도는 지급 및 징수, 모두 CO_2 배출량에 비례한다는 점이 특징으로 정책의 친환경성을 강화하고 있어요.

우리나라 기업은 전기차의 양대 축인 배터리전기차(BEV)와 연료전지전기차(FCEV) 모두에서 경쟁력을 갖추고 있습니다. 전기차 기술과 관련된 소·부·장 산업까지 발전시키고 있어 친환경 모빌리티로 세계적인 수준으로 거듭나기 위해 노력하고 있어요. 그래서 관련 기업들과 함께 클러스터를 형성해 연구·개발을 진행하고 있답니다.

분야			1단계('18~'20)	2단계('21~'22)
미래차 항공	울산	초소형 전기차	초소형 전기차용 전장/의장부품 개발	소형 전기버스 시스템 개발
	경북	전기차 부품	전기차 5대 핵심부품 개발	서비스 e모빌리티를 위한 초소형 전기차 부품개발 및 실차 평가기술 개발
	세종	자율차 서비스	도심형 자율주행셔틀 서비스 기반 구축	자율주행셔틀 인프라 구축 및 서비스HMI기술개발
	경남	항공 부품	민수항공기 부품 설계/제작 기술 개발	제작요소기술 적용 단일통로기급 민수 파일론 최적화 설계기술 개발

출처 : 관계부처 합동

새만금 모빌리티 클러스터

무인자율차 테스트베드는 자율주행차량의 안전성 및 상용화를 위한 실제 교통환경을 테스트 해 볼 수 있도록 새만금 지역에 거대한 시험 무대를 만들었어요. 이 사업을 통해 관련 산업의 기술발전을 유도하고 상용화를 앞당겨 새만금 지역을 명실상부한 관련 첨단 산업의 메카로 자리매김 하고 있어요.

출처 : 새만금개발청

울산 수소 모빌리티 클러스터

울산시는 도심항공 미래차 클러스터와 함께 수소자동차 클러스터로 지정되어 수소산업 선도도시를 추진하고 있습니다. KTX 울산역~태화강을 따라 동구 현대중공업까지 하늘자동차 실증단지를 지정하였으며, 수소 배관망 확충으로 수소를 필요로 하는 수소 모빌리티 기업을 비롯한 수소 소재 부품기업 유치와 실증지원을 위해 수소 배관망을 구축할 계획을 세웠어요.

	1단계('19년 / 기술구현)	2단계('20년 / 기술확인)	3단계('21년 / 기술실증)
내용	낮은 수준의 저속 주행 (60km/h이하)	자동차 전용도로 등 특정구간 고속주행	일반도로 무인자율차량 상용서비스
테스트베드	상용차 주행시험장	새만금 방조제 하부도로	새만금 산업단지 내부 도로 활용
주관기관	산업부 전북도	산업부 전북도	새만금청·전북도·군산시
추진상황	19년 완료	20년 추진	21년 추진 검토
개념도	주행시험(1단계)	방조제 테스트(2단계)	산단도로 실증(3단계)

출처 : 수소 배관망 구축 계획도(울산시)

모빌리티 4.0 시대 도래

인천은 항공과 항공 정비산업(MRO) 산업생태계, 도심항공교통(UAM), 여기에 복합물류 클러스터 조성하기 위해 노력하고 있습니다. 이런 산업이 활성화되기 위해서는 수소에너지 기반 물류산업 생태계까지 구현하기 위해 노력하고 있습니다.

최근 유통물류부분에서 전개되고 있는 디지털 트랜스포메이션은 거래 플랫폼을 구축하여 건물 내 배송 자동화, 라스트 마일 배송 효율화를 위해 드론배송, 무인 로봇배송 등 IoT기술을 활용하여 빠르게 발전하고 있습니다.

지금까지는 공급자 중심에서 파이프라인처럼 선형적으로 진행되었는데 로지스틱(Losgistics) 4.0 체제에서는 수요자 중심에서 전체 공급사슬이 디지털 기반으로 연결되어 소비자와 공급자를 실시간을 연결하여 소비자의 의견을 바로 반영하여 공급사슬의 최적화를 이룰 수 있습니다. 또한 보급에 의한 인력을 효율적으로 관리할 수 있어 사람 개입을 최소화할 수 있으며, 완전지능화를 실현하여 공급자는 생산에서 배송까지 실시간으로 파악할 수 있어 물류 운영을 유연하게 관리할 수 있습니다.

일론 머스크는 IBM과 협력하여 블록체인을 접목하여 무역 관련 행정기관과 수출입업체, 무역중개업체, 운송업체 등의 거래 정보를 일원화하여 실시간으로 관리 및 추적이 가능하도록 국제 무역 플랫폼을 추진하고 있습니다. 모빌리티의 발전으로 물류까지 빠르게 발전되어 가고 있다는 것을 확인할 수 있어요.

< 물류 혁신의 진화: Logistics 4.0 >

Logistics 1.0 (19세기 후반~)	Logistics 2.0 (60년대~)	Logistics 3.0 (80년대~)	Logistics 40 (현재~)
수송의 기계화	하역의 기계화	물류관리의 시스템화	IoT 진화에 따른 인력절감, 표준화
·트럭, 철도에 의한 육상수송의 고속화, 대용량화 ·선박 보급에 의한 해상수송의 확대	·자동창고, 자동분류기 등의 실용화 ·컨테이너화에 의한 해운·육운의 일관 수송 실현	·WMS, TMS 등 물류관리시스템 ·통관정보시스템으로 통관과 수속절차의 전자화	·창고로봇, 자율운행 기기등 보급에 의한 인력효율화 ·전체 공급체인의 물류 기능 표준화

출처 : 로지스틱 4.0(Roland Brger, 현대경제연구원)

모빌리티
개념 사전

01

자율주행차
모빌리티 용어

① 운전자 부주의로 인한 사고를 줄여주는 ADAS

1999년 버지니아 공대 교통 연구원의 자료에 따르면 자동차 사고의 93%는 인적 요인에 의해 발생하며, 그중 약 80%가 사고 전 운전자의 3초간 부주의로 인한 과실로 사고가 발생한다고 합니다. 이에 자동차 제조사들은 오래전부터 이런 운전자 부주의로 인한 교통사고를 줄이기 위해 노력하고 있어요. ADAS는 그 노력의 결과물로서 자율주행 자동차의 상용화로 더욱 널리 알려졌답니다.

앞차와의 거리를 유지하며 정해진 속도로 주행하도록 도와주는 스마트 크루즈 컨트롤

출처 : 현대트랜시스

ADAS(Advanced Driver Assistance Systems)는 첨단 운전자 보조시스템으로 운전 중 발생할 수 있는 수많은 긴박한 상황에서 자동차가 스스로 인지·판단해 기계장치를 제어하는 시스템이에요. ADAS는 카메라, 레이다, 라이더 및 초음파 센서 등을 활용해 사물과 보행자, 운전자에 대한 잠재적인 위협을 식별해 사고를 방지하는 역할을 합니다.

또한 ADAS는 운전 편의성과도 밀접한 관련이 있어요. 가장 기초적인 기술로 정속 주행 기술을 제공하는 '크루즈 컨트롤(Cruise control)'이 있습니다. 크루즈 컨트롤은 장거리 주행 시 운전자의 피로도를 낮추고, 불필요한 가속과 감속을 줄여 연료 효율을 높여줍니다.

과거엔 속도 유지만 가능했지만, 최근 속도 조절은 물론 앞차와의 거리까지 조절해주는 '스마트 크루즈 컨트롤(SCC:Smart Cruise Control)로 대부분 대체되었고, 내비게이션을 통한 도로 정보까지 운전에 반영하는 '내비게이션 기반 크루즈 컨트롤(NSCC:Navigation-based Smart Cruise Control)'로도 진화하고 있어요.

출처 : 현대트랜시스

출처 : 한라 디지털 허브

SCC : Smart Cruise Control 스마트 크루즈 컨트롤

AEB : Autonomous Emergency Braking 자동 긴급 제동장치

LKA : Lane Keeping Assist 차선 유지 보조 시스템

BSD : Blind Spot Detection 후측방 경보 시스템

SPAS : Smart Parking Assist System 주차 조향 보조 시스템

HDA : Highway Driving Assist 고속도로 주행 보조 시스템

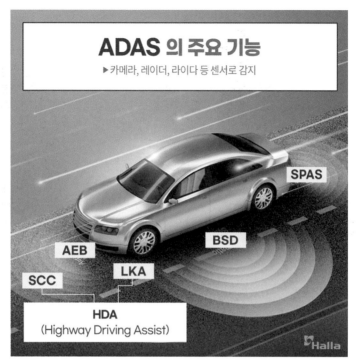

ADAS 의 주요 기능
▶카메라, 레이더, 라이다 등 센서로 감지

SPAS

BSD

AEB

LKA

SCC

HDA
(Highway Driving Assist)

Halla

출처 : 한라 디지털 허브

② 조향과 제동의 전동화, SbW

자유 장착형 첨단 운전 시스템 SbW(Steer by Wire)는 운전대와 바퀴를 유선으로 연결해 전기 신호로 바퀴의 방향을 제어합니다. 기존 자동차는 조향과 제동이 기계적인 시스템으로 이루어져 있어 운전자가 운전대를 움직이거나 브레이크를 밟아야 자동차가 움직였지만, 이제는 전기 신호를 통해 움직이는 시스템으로 진화했습니다.

> **조향** : 차량을 운전·조작해 소정의 방향으로 진행시키는 것을 말한다.

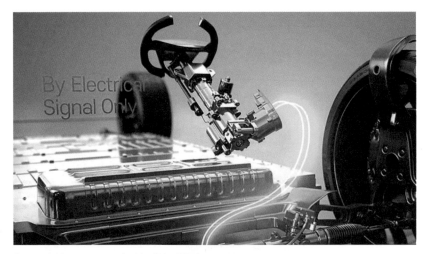

출처 : SbW(Steer by Wire) 기술 개념도(만도)

이 기술은 자율주행, 원격주행 등 미래 모빌리티에서 많이 활용될 것입니다. 먼저 운전대가 필요하지 않은 자율주행 차량은 실내 공간 인테리어가 중요해요. SbW 기술이 적용된 차량은 운전대를 접거나 자유롭게 배치할 수 있어 차량 실내 공간 활용도도 높습니다. 또한 운전대와 바퀴가 물리적으로 분리되어 있기 때문에 충돌 사고 시 탑승자가 연결 부품에 상해를 입을 가능성도 줄어들고, 기계식 연결장치보다 무게가 적어 자동차 연비도 높여줍니다.

③ 모든 주행 상황을 차량에 알려주는 V2X

V2X(Vehicle to Everything)는 자동차가 자동차를 둘러싼 모든 환경과 통신으로 정보를 주고받는 기술을 의미합니다. V2X에서 X는 말 그대로 모든 것 (Everything)을 말해요. 자동차와 자동차(V2V), 자동차와 인프라(V2I), 자동차와 보행자(V2P) 간 통신은 물론, 차량 내 유무선 네트워킹, 차량과 이동 단말기 간 통신(V2N) 등을 합친 개념입니다.

안전한 주행을 위해서는 더욱 많은 정보를 기반으로 도로 상황과 환경을 인식해야 합니다. V2X는 센서가 가지고 있는 기계적인 한계를 넘어 원거리의 교통 상황이나 날씨 등의 상태를 파악하고, 그에 맞는 최적화된 경로로 운행해 안전 운행이 가능하도록 도와줍니다. 전체적인 에너지를 절약하고 배기가스를 줄여주며, 커넥티드 카 기술의 발달로 완벽한 자율주행이 가능하도록 도와줍니다.

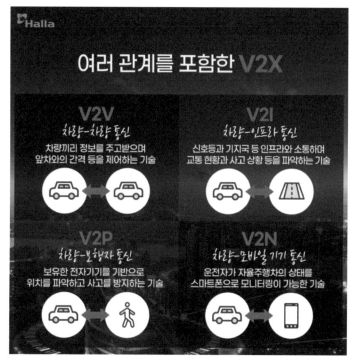

출처 : 한라 디지털 허브

④ 차로 이탈 방지 보조 장치, LKAS

LKAS(Lane Keeping Assist System)는 앞서 언급한 ADAS 기술의 일환으로 차선 인식용 전방 카메라를 통해 주행 차선을 감지해 운전자가 차선을 이탈할 경우

운전자에게 경고하고, 주행 차선을 벗어나지 않도록 조향 방향을 조정하는 운전자 보조시스템입니다. 보통은 차선 이탈 경고 장치와 함께 장착되어 경고 이후 일정 시점이 지났음에도 운전자의 개입이 없으면 자동차 스스로 차량을 차로 중앙으로 회복시켜주며, 보통 60~180km/h 사이에서 작동합니다.

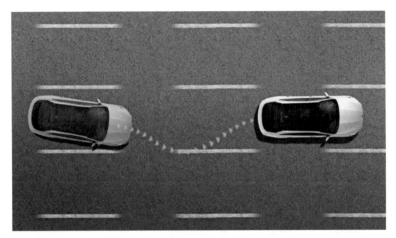

출처 : 현대트랜시스

LKAS에서 좀 더 향상된 LFA(Lane Following Assist) 장치는 자동차가 항상 차로 중앙을 유지할 수 있게 하는 기술입니다. LFA는 차로 중앙에서 벗어나면 스스로 작동해 안정적인 운행과 운전자의 편의를 위해 만들어졌어요.

출처 : 한라 디지털 허브

출처 : 한라 디지털 허브

⑤ 사람과 기계의 소통, HMI

자동차에 IT, 전자 장치가 늘어남에 따라 중요해진 기술이 바로 HMI(Human-Machine Interface)입니다. HMI는 자동차와 사람의 상호작용을 통해 탑승자의 상태에 맞는 안전과 편의 기능을 제공하는 기술입니다. 운전자가 차량을 조작하는 빈도를 줄여 불필요한 개입을 막고, 운전 외의 다른 활동이나 휴식을 취할 수 있도록 도와줍니다.

HMI에는 음성인식, 인포테인먼트, 운전 모니터링 등 다양한 첨단 기술이 도입되는데 그중 하나가 바로 지능형 시트예요. 지능형 시트는 탑승자의 요구에 맞춰 자유자재로 이동하고 회전할 수 있으며, 통신기술과 연동해 개인 맞춤형 서비스를 제공하고, 외부 데이터 기반으로 온도와 습도 등을 제어해 최적의 환경을 구현합니다.

현대트랜시스는 자율주행 시대에 맞는 차세대 지능형 시트 기술을 활발하게 연구개발 중으로, 자율주행 3세대 컨셉 시트를 만들고 있어요. 예를 들면 차량 실내 공간의 효율성에 초점을 맞춰 운전자가 편의를 누릴 수 있는 7개의 시나리오를 실행할 수 있어요. 전방을 주시하는 일반모드와 자율주행 운전모드부터 편안한 휴식을 즐길 수 있는 릴렉션 모드, 운전석과 보조석이 안쪽으로 회전하는 커뮤니케이션 A/B모드, 그리고 뒷자석을 모두 접을 수 있는 카고 모드 등이 있습니다.

⑥ 자율주행차의 눈, 라이다

자율주행차의 '눈'이라고 불리는 라이다(LiDAR: Light Detection And Ranging)는 그 영문명에서 알 수 있듯이 빛(Light)을 이용해 주변 물체와 거리를 감지하는 기술입니다. 펄스 레이저를 발사하고, 이것이 물체에 반사되어 돌아오는 시간을 측정해 거리 정보를 획득해요. 이것은 '비행시간 거리측정(ToF: Time of Flight)' 기술이라고도 부르며 아이폰 12부터 탑재되어 있어 스캐닝하는 데 활용할 수 있답니다.

☑ 왜 라이다가 필요할까?

초당 수백만 개의 레이저를 발사하는 라이다는 주변을 스캔해 3차원적으로 정밀 측정이 가능합니다. 따라서 즉각적으로 상황을 파악하고 상황에 맞는 적절한 조치를 취할 수 있어 자율주행차 대부분의 기업에서 이용하고 있습니다.

레벨 3단계의 자율주행을 시행하기 위해선 라이다 센서가 필수적입니다. 그 이유는 라이다 센서가 직진성이 강한 레이저 빔을 사용하기 때문이에요. 이로 인해 레이저가 퍼지지 않고 나아가므로 사물에 맞고 돌아오는 동안 왜곡이 발생하지 않는 장점이 있어요. 따라서 정밀한 위치 정보를 획득할 수 있으며, 오차범위가 mm~cm에 불과해 정확도가 뛰어납니다.

> **레벨 3단계의 자율주행** : 고속도로 등 특정 주행 환경에서 자율주행이 가능한 단계. 주행 권한이 운전자에서 시스템으로 이전한다.

> **라이다** : 레이저 빔을 대상물에 발사하고 반사되어 돌아오는 시간을 측정해 거리 및 위치를 계산해 내는 시스템

또한 **라이다**는 360도 회전하며 초당 수백만 개의 레이저 빔을 발사해요. 그리고 되돌아온 레이저의 위치, 좌표, 방향 정보를 추출해 차량 주변의 상황을 3차원 영상으로 표현합니다. 물체의 유무만 인식하는 게 아니라, 원근감과 형태까지 파악할 정도로 높은 공간분해능을 가진 라이다는 자율주행의 안정성 확보를 위해 필수적인 부품이랍니다.

> **공간분해능** : 아주 작은 공간적 차이를 분별해내는 기기의 능력

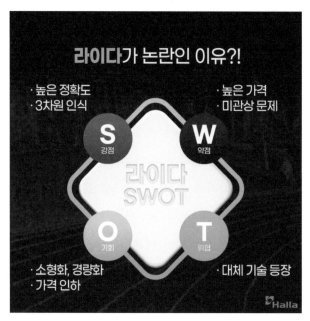

출처 : 한라 디지털 허브

하지만 개당 1,000달러에 달하는 라이더의 가격은 라이다 센서 상용화를 가로막고 있는 단점으로 작용하고 있어요. 차량의 원가를 상승시키기 때문이지요. 또한 회전형 방식의 라이다는 기어와 모터를 이용해 레이저를 기계적으로 조정하기에 비대한 크기를 가지고 있습니다. 이런 단점을 보완하기 위해 평면형으로 작동한 제품들을 개발하였어요.

경광등 : 긴급자동차에 장치하는 적색, 녹색, 황색의 경고용 특수등화이다.

그런데 기계 구성이 복잡하고 보통은 자동차의 천장에 장착하는데 그 모습이 경광등처럼 보이는 단점이 있어요. 이에 라이다 센서를 옵션으로 제공하는 차종의 경우, 센서를 로고 뒤에 감추기 위해 디자인을 바꾸기도 해요.

최근 해상도가 높아진 카메라는 라이다의 역할을 일부 대체할 정도로 발전해 테슬라에서는 카메라로 자율주행시스템을 운행하기도 합니다. 카메라 렌즈 2개를 나란히 쓰는 '스테레오 방식'을 사용하면 원근감 정보까지 획득할 수 있어요. 라이다 못지않게 사물이 멀고 가까운 정도를 쉽게 인식할 수 있기 때문입니다. 이에 일찍이 테슬라는 라이다 없이 자율주행차를 만들겠다고 이야기했습니다. 카메라가 습득한 정보를 인공지능 딥러닝 기술로 향상시켜 차량 스스로 상황을 판단하고 대응할 수 있도록 특화시키고 있지요.

그러나 모두 테슬라 방식을 따라 할 수 있는 건 아닙니다. 인공지능은 데이터 학습을 통해 성장하기 때문에 분석할 데이터양이 늘어날수록 정확도가 향상되는데요. 2014년 이후 테슬라는 자사의 고객들로부터 딥러닝을 위한 주행 데이터를 수집해 정밀성을 높였습니다. 따라서 후발주자들과 누적 데이터양에서 큰 차이가 날 수밖에 없습니다. 후발주자의 대부분 기업은 라이다 센서를 주로 활용해 개발하고 있습니다.

애플이 계획 중인 자율주행차 '애플카'에도 라이다 센서가 탑재될 것이라고 알려져 있는데, 앞으로 라이다 시장은 더욱 커질 것이며, 기업들은 라이다 구동 방식을 바꿔 제품 상용화를 앞당기고 있습니다.

'고정형 라이다(Solid-State)'는 기존 회전형과 달리 기어와 모터가 필요하지 않아요. 따라서 기계 구성이 간단하고 내구성이 높아 진동에 강한 특징이 있습니다. 반도체에 사용하는 MEMS(초소형 정밀 기계 기술)를 사용해 더 작고 싸게 제품을 생산할 수 있어요.

실제로 시장 1위 기업인 벨로다인은 2020년 '벨라비트'라는 이름의 고정형 라이다를 공개했고, 그 가격도 100달러로 저렴하게 출시했어요. 우리나라도 고정형 라이다 국산화를 위해 한국자동차연구원과 광학부품기업 엘엠에스, 전자부품기업 에스오에스랩과 개발 중에 있습니다.

자동차 부품사 '만도'는 라이다와 이미징 레이더를 개발했어요. ADAS 카메라 모듈을 개발하는 '엠씨넥스', 국내 최초 산업용 라이다 양상에 성공한 '카네비컴', 고정형 라이다 생산기술을 보유한 '에스오에스앱', 라이다 전문 소프트웨어 개발사 '서울로보틱스' 등 국내 강소기업과 함께 '차세대 3D 고정형 라이다 개발'을 위한 컨소시엄을 구성하고 제품 개발 및 양산을 주도하고 있습니다.

⑦ 자동차 안전 주행의 필수 장치, HUD

출처 : 현대폰터스

자동차 사고의 가장 큰 원인은 전방 주시 태만입니다. 미국 도로교통안전청 (NHTSA) 조사에 따르면, 운전 중 휴대전화를 볼 경우 전방 상황을 인지하고 반응하는 시간이 혈중 알코올 농도 0.08%일 때와 유사한 것으로 나타났습니다.

또한 운전자가 약 2초 동안 전방 주시를 하지 않고, 100km/h로 주행하는 것은 55km를 눈을 감고 주행하는 것과 마찬가지라고 합니다.

이를 해결하기 위해 등장한 기술이 헤드업 디스플레이 'HUD(Head Up Display)'입니다. HUD는 차량의 현재 속도, 연료 잔량, 길 안내 등 운전자에게 필요한 운행 정보를 유리창 너머 전면부에 그래픽 이미지로 투영시키는 첨단 장비예요. 운전자의 불필요한 시선을 최소화해 주행 안전성과 편의성을 높일 수 있답니다.

출처 : 록히드사 HUD(위키피디아)

HUD의 기술은 제2차 세계대전 때 처음 등장했어요. 공군기 조종사를 위한 항공 기술로, 자동차에 HUD가 도입된 것은 한참 뒤인 1988년입니다. GM의 올즈모빌 Cutlass Supreme에 HUD가 처음으로 사용되었습니다. 그러나 초기의

HUD는 속도 표시 외에 별다른 기능을 갖추지 못했습니다. 하지만 이제는 차량용 대시보드가 발전하며 HUD의 역할을 대신하기 시작했어요. 대중화에 실패한 HUD는 사람들의 기억에서 잊히고, 일부 프리미엄 카의 옵션 기능으로 남아 있습니다.

☑ 최근 HUD가 주목받고 있는 이유는?

전장화 : 차량에 들어가는 모든 전기 및 전자장치를 말한다.

첫째, 자동차의 '전장화'입니다. 전자부품이 기계부품의 자리를 차지하며, ADAS와 같은 첨단 주행 보조 시스템을 이용할 수 있게 되었어요. 이로 인해 자동차는 과거보다 더 많은 정보를 표시해야 하는데, 차량용 HUD를 이용하면 운전자의 시선 분산 없이 효율적으로 정보를 제공할 수 있습니다.

둘째, '실내 공간의 변화'입니다. 자율주행차는 탑승자가 직접 운전할 필요가 없기 때문에 운전하는 시간 동안 업무를 보거나 휴식을 취할 수 있어요. 이에 전문가들은 자동차가 생활공간으로 진화할 것으로 보고 있습니다. 따라서 주목받는 것이 차량용 인포테인먼트입니다. 주행정보와 오락 등 즐길거리를 제공하는 인포테인먼트는 해당 콘텐츠를 실감나게 표현하기 위해선 넓은 디스플레이가 필요해요. 차량 전면창을 화면으로 이용할 수 있는 HUD는 콘텐츠 제공에 최적화된 장치가 될 것입니다.

우리나라의 경우 2020년 HUD 관련 특허는 102건으로 연평균 14%씩 빠르게 성장하고 있답니다.

출처 : 한라 디지털 허브

☑ 앞으로 HUD가 가져올 변화는?

첫째, 투영 면적의 대형화입니다. 인포테인먼트 시스템과 연계할 수 있도록 전면 창 전체로 확장되고 있어요. 둘째는 중저가 차량에도 적용이 가능해요. 초기에 HUD는 단순한 편의 장치였는데 지금은 안전 편의장치로서 개념이 전환된만큼, 중소형 차량에도 탑재가 가능합니다. 성능 면에서는 AR HUD를 도입해 더욱 현실적이고 직관적인 내비게이션 안내와 주행보조(ADAS)기술을 적용하려는 움직임이 나타나고 있어요.

실제 도로 위의 3D 이미지를 겹쳐서 보여주는 AR HUD는 운전자가 직관적으로 교통상황을 판단할 수 있도록 돕고 있습니다. 교차로 진입 및 간선도로의 출구 구간 찾기 등 내비게이션의 안내만으로 감을 잡기 어려운 운전 상황에서 운전자에게 효율적인 경로 안내 기능을 제공해요. 또한 스마트 크루즈 컨트롤 기능 등을 활용할 때 앞차와의 차간거리 등을 더욱 현실적으로 확인할 수 있는 장점이 있답니다.

폭스바겐은 자사의 중소형 전기차 ID.3와 ID.4에 AR HUD를 탑재할 계획을 세웠습니다. 이제는 HUD가 프리미엄 카의 전유물이 아니라는 것을 알 수 있죠. 현대차 역시 아이오닉5에 AR HUD를 도입해 자율주행 시대에 최적화된 주행 환경을 만들고 있습니다.

이제 HUD는 음성 및 동작 인식과 같은 새로운 조작법이 적용될 수 있어요. 이렇게 되면 운전자는 새로운 경험과 편리하고 안전한 운전에 도움을 주는 방향으로 발전할 것입니다.

02

하늘을 달리는
모빌리티 용어

① 미래 하늘을 달리는 UAM

현재 세계 인구의 약 76%가 도시에 거주하고 있습니다. 따라서 인구가 1,000만 명이 넘어 메가시티로 분류되는 도시들은 심각한 교통체증에 시달리는데 이를 해결할 수 있는 방법이 도심항공모빌리티(UAM, Urban Air Mobility)입니다.

UAM 시대를 대표할 수 있는 이동수단은 '전기동력 수직이착륙기(eVTOL)'입니다. 전기동력 수직이착륙기는 헬기처럼 로터의 회전을 통해 수직이착륙과 정지비행이 가능해요. 따라서 비행기처럼 활주로가 없어도 운행이 가능하다는 장점이 있습니다. 대형 로터를 사용하는 헬기는 운항 시 83dB 이상의 소음이 발생해요. 따라서 소음 민원이 발생할 가능성이 높지만, eVTOL의 경우는 최소 4~6개 이상의 작은 로터를 사용하기 때문에 도심 한가운데서도 소음 걱정 없이 이용할 수 있답니다.

또한 일부 로터가 고장이 나더라도 나머지 프로펠러로 균형을 맞춰 안전하게 비상착륙할 수 있습니다. 환경면에서도 eVTOL는 전기로 움직이기 때문에 탄소배출 없이 친환경적으로 운행할 수 있습니다.

출처 : 한라 디지털 허브

 세계적인 투자은행, 모건스탠리는 UAM 시장이 2040년까지 1조 740억 달러 규모로 성장할 것으로 전망하고 있습니다. 2021년의 경우 UAM 산업에 약 5조 억 원이 투자될 정도로 유니콘 반열에 오른 기업도 여럿 등장하고 있는 게 현실입니다. 대표적인 기업으로는 미국의 '조비 에비에이션'이 있어요.

출처 : 모건스탠리

UAM에 가장 적극적인 국내기업은 현대자동차로, CES 2020에서 PAV콘셉트 'S-A1'를 공개하고, 미국 내 별도법인도 설치했습니다. 도요타의 경우는 '스카이 드라이브'와 '조비 에비에이션' 등에 선제적인 투자를 하고 있어요. 중국의 지리자동차의 경우는 독일의 에어택시 스타트업 '볼로콥터'와 합작사를 설립해 새로운 사업 모델을 구상할 정도 빠르게 발전하고 있답니다.

② 개인용 비행기 PAV(Personal Air Vehicle)

갈수록 교통체증이 심해짐에 따라 사람들은 3차원 공간인 하늘을 나는 비행기에 관심을 가지게 되었습니다. 하지만 비행기는 공항이 필요하기 때문에 누구나 어디서든 이용될 수 있는 교통수단은 아니죠. 그래서 평상시에는 도로를 달리다가 필요할 때 비행하는 '플라잉카'라는 소형 비행기가 개발되었답니다. 하지만 자동차와 비행기를 모두 다룰 줄 알아야 하고, 자동차에 날개를 추가적으로 삽입하는 기술과 활주로가 필요해요.

이에 하늘로만 주행하는 PAV가 등장했습니다. PAV라는 용어는 2003년 항공 차량 시스템 프로그램의 일부로 미국항공우주국(NASA)에서 개인용 항공기 부문 프로젝트를 구상하며 사용하기 시작했어요. 나사는 이 프로젝트를 통해 일반인이 운전면허만으로도 운전할 수 있는 개인용 비행기를 만들려고 합니다. PAV는 '승객용 드론'으로 불리기도 해요.

미래형 개인 비행체인 'PAV'는 전기동력을 사용해 도심 상공에서 사람·화물을 운송하는 3차원 모빌리티 수단으로, 항공, 자동차, ICT, AI 등 다양한 기술을 융합해 만들어진 혁신적 교통수단입니다. 향후 막대한 부가가치가 창출될 것으로 기대되는 분야입니다.

숨비의 PAV는 축간거리 4미터, 높이 2.5미터에 60분 이상 비행이 가능하도록 설계되었습니다. 특히 해당 기체는 숨비가 수년간 연구 개발한 'FCM(Flight Control Module) 비행 제어 시스템'과 'LCM(Link Control Module) 통신 모듈'이 적용됐습니다. 두 기술은 PAV 제어와 운용에 핵심적인 기술이에요. FCM 비행제어 시스템은 비행체의 모든 시스템에 대한 통합 운용을 담당하며, 자체 고장 진단 및 비상 백업 시스템 등을 갖춘 고신뢰 제어 시스템입니다.

숨비는 PAV의 한 종류인 CAV(Cargo Air Vehicle, 화물용 비행체) 연구 개발도 본격적으로 추진할 예정입니다. CAV는 도심에서 승객 및 화물을 실어 나르는 것을 목표로 하는 UAM 산업의 또 다른 핵심 분야입니다. 숨비는 승객 수송부터 화물 운송까지 아우르는 차세대 첨단교통체계를 구축하며 관련 산업을 선도해 나갈 계획을 가지고 있습니다.

출처 : 숨비

시제기 : 대량 생산에 앞서 제작해 보는 원형으로서 시험 제작한 비행기이다.

자율비행 개인 항공기 개발 사업에서 산업부는 분산전기추진 등 핵심기술, 지상장비 개발·시험과 함께 속도 200km/h 이상급 시제기 개발 등을 추진하고, 국토부는 안전한 항공 교통수단의 운항을 위해 기체 인증기술, 자동비행제어시스템, 안전운항 체계 및 교통서비스 도입 방안 등을 추진하고 있습니다.

구체적으로 산업 측면에서는 핵심기술 개발 및 국제공동 개발 지원, 산업 생태계 조성 및 전문인력 양성, 성능·품질 향상 지원 및 국제표준, 민군협력 등 PAV 보급 촉진, 수출 산업화 등 연관산업뿐만 아니라, 파생서비스산업 활성화 방안 등을 검토합니다. 교통 측면에서 드론택시·택배 등 드론 교통서비스 활성화 및 전용공역(Drone Highway)을 확보하고 있어요.

마지막으로 플랫폼·보험·MRO·인프라 등 부대산업 육성, 인증 체계 수립, 관제 기술 확보 등을 검토하고 있습니다.

> **MRO(Maintenance Repair and Overhaul)** : 항공기를 정상적으로 운용, 유지하기 위해 정기적으로 수리 및 정비하고, 사용 용도를 변경 개조하는 일련의 과정을 말한다.

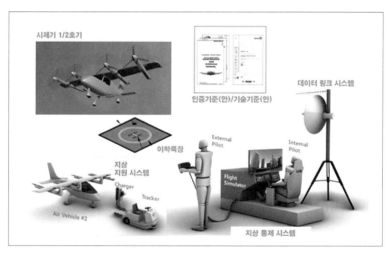

출처 : 미래형 개인 비행체 개발 개요(산업통상자원부)

③ 헬리콥터처럼 수직으로 날 수 있는 VTOL

VTOL(Vertical Take-off and Landing)은 헬리콥터처럼 수직으로 이착륙할 수 있는 비행체를 말해요. 공중에서 정지하거나 활주로 없이 뜨고 내릴 수 있기 때문에 혼잡한 도심에서 쓰이는 PAV는 대부분 VTOL로 운용될 것으로 예측하고 있습니다.

고정익 항공기 : 동체에 날개가 고정되어 있는 항공기로, 헬리콥터와 같은 회전익 항공기를 제외한 항공기를 말한다.

어레스팅 : 항공모함에서 전투기가 착륙할 때 짧은 활주로에서 정지를 도와주는 데 활용되는 장치를 말한다.

함재기 : 군함에 탑재된, 또는 그곳에서 운용 가능한 항공기를 말한다.

캐터펄트 : 함선으로부터 항공기를 발진시키는 장치이다.

해리어 : 영국이 개발한 수직이착륙 전투기로 제트엔진의 추진방향을 변경할 수 있어 이륙 시에는 아래쪽을 향해서 분사해 수직으로 상승하고, 이륙 후에는 분사방향을 수평으로 변경함으로써 수평비행을 할 수 있는 비행기를 말한다.

처음에는 공군기지에서 먼저 사용되었지만, 해군에서 더 널리 활용되고 있어요. 기본적으로 고정익 항공기가 함선에서 운용되려면 함선에 깔린 활주로와 강제 착륙을 위한 어레스팅(Arresting) 와이어가 필요해요. 제트기 시대에 이르러서는 함재기의 무게가 증가하면서 캐터펄트(Catapult)까지 필요로 하게 되자, 대형 항공모함이 아니면 고정익 항공기 운용이 불가능하게 되었습니다. 하지만 해리어(Harrier)와 같은 수직 이착륙기를 운용하면서 어레스팅 와이어나 캐터펄트 없이도 제한된 함선의 공간에서 운용이 가능해졌습니다.

따라서 수직이착륙기를 운용하는 경항공모함이 널리 활용되고 있어요. 물론 경항공모함의 개념과 임무 형태는 2차 세계대전 시 이미 존재했지만, 수직이착륙기의 개발로 초강대국만이 운용 가능한 대형 항공모함과 같은 역할을 할 수 있는 경항공모함으로 그 역할을 대체할 수 있게 되었습니다. 기존은 상륙작전이나 대잠수함전에 국한해서 사용하던 헬리콥터를 수직이착륙기로 활용할 수 있게 되었습니다.

VTOL의 수직이착륙은 분명 매력이 있지만, 엔진의 출력은 한계가 있기 때문에 수직이륙을 할 경우 최대이륙중량은 엔진 출력보다 작아지게 됩니다. 즉, 수직이륙의 단점은 탑재량이 적다는 것이고, 헬리콥터를 제외하면 수직이착륙의 주 활용 용도 및 장점이 군용이란 것입니다.

하지만 멀티콥터가 급격하게 인기를 끌게 되면서 드론이나 무인기에 수직이착륙 기술을 적용해 앞으로는 많은 국가가 여객운송용, 도심항공교통 모빌리티 시스템에도 도입하려는 움직임을 보이고 있어요. 서울에서도 김포공항에 VTOL 무인비행기 이착륙장을 설치해 2026년부터 서울 도심과 인천국제공항 및 수도권 위성도시 간 운항을 시작하기로 한국공항공사와 한화 시스템이 협의 중입니다.

F-35B

AV-8 해리어

V-22

Yak-38

출처 : 나무위키

④ 단거리 이착륙(STOL)과 수직 이착륙(VTOL)의 새로운 패러다임, STOVL

STOVL(Short Take Off and Vertical Landing)은 VTOL의 단점을 보완해 만들어졌어요. STOVL은 항공모함 함재기가 이착륙하는 방식의 하나로서, 단거리로 이륙하고 수직으로 착륙하는 방식입니다. 영국의 인빈시블급 항공모함의 해리어가 유일하며, 다른 해리어 수입국들도 모두 STOVL 방식으로 항모 함재기가 이착륙을 하고 있어요.

STOVL 이외에도 미국, 프랑스 항모 함재기 이착륙방식인 CATOBAR, 러시아, 중국, 인도의 항모 함재기 이착륙방식인 STOBAR가 있습니다.

VTOL기와 STOL기는 1950년대에서 1980년대까지 10여 대가 설계되었습니다. 아음속인 영국의 호커 시들리 해리어와 소련의 야코블레프 Yak-38만이 실전 배치되었으나, 1991년 소련이 멸망하고 야코블레프 Yak-38은 퇴역했습니다. 따라서 그 후로는 해리어가 전 세계에서 유일합니다.

출처 : F-35B(나무위키)

F-35B가 해리어를 대체할 것이라고 하는데, 심각한 설계상의 문제가 발견되어 영국 정부가 135대 주문을 전량 취소했습니다. 영국도 2011년 최신형인 해리어II를 퇴역시켰어요. 따라서 앞으로는 새로운 수직이착륙 비행체가 필요합니다.

미국과 프랑스를 제외하고는 전 세계 모든 항공모함은 STOVL 비행기와 스키 점프대를 사용해요. 프랑스는 미국에서 캐터펄트를 수입해 샤를 드골호에 사용하고 있습니다.

탐구활동
초음속 공기 흡입구 유동의 해석을 위해 이상기체에 대한 3차원 압축성 '나비에–스톡스 방정식'을 사용하여 수치해석해 볼 수 있다. 밀도와 속도, 압력 등으로 이뤄진 짧은 방정식 하나가 대기나 대양의 흐름과 복잡한 난기류들을 예측할 수 있게 해주는데, 덕분에 효율성 높은 항공기 디자인이나 날씨 예보도 가능해졌다. 항공뿐만 아니라 애니메이션, 공상과학 영화 속에서도 이를 활용하여 리얼한 블랙홀과 웜홀을 재현할 수 있다.

03

우주시대, 로켓 용어

① 델타 V

델타 V는 위성의 궤도를 변화시키기 위해서 필요한 속도 요구량입니다. 즉, 속도(Velocity)의 변화량(Delta)을 말해요. 자동차로 치면 주행가능거리와 비슷한 개념으로 정지상태의 로켓에서 단(Stage)의 잔여연료를 모두 연소시켰을 때 상대속도를 얼마만큼 변화시킬 수 있는지를 말합니다.

> **단** : 터빈의 노즐 또는 고정 날개와 회전 날개의 1조를 하나의 단이라고 말한다.

지구에서 발사해서 지구위성궤도를 형성하거나, 지구에서 달까지 가는 등의 각 구간별로 필요한 △V의 합계를 Delta-V Budget(델타브이 예산)이라고 합니다.

해당 중력권에서의 위성궤도 형성을 위한 △V예산은 중력의 크기에 따라 비례해요. 만약 지구 해수면 고도에서 로켓을 발사할 때 위성궤도에 진입해 지구로 추락하지 않고 공전할 수 있는 최소한의 △V 예산은 약 9,500~10,000m/s가 됩니다.

화성 지표면에서 이륙 시 위성궤도를 형성하려면, 로켓의 △V예산이 약 4,500m/s 정도가 필요해요. 이런 식으로 각 행성/위성에서 이륙 시 필요한 최소 △V 예산은 미리 계산이 가능하며, 행성 간 이동도 마찬가지로 계산이 가능합니다. 어떤 목적에 사용할 로켓을 설계·제작 시 이러한 △V 예산에 맞춰서 로켓의 항해 가능거리를 세팅할 수 있어요.

이러한 델타 V는 선체가 기본적으로 얼마나 속도 변환을 할 수 있는지 궤도역학을 통해 알 수 있는데요. 호만 전이궤도를 이용해 다른 행성으로 가는 속도 요구량 같은 것을 미리 계산한 다음, 선체가 정말로 이 궤도를 따라서 갈 수 있는지의 충분한 속력을 확인할 때 활용합니다.

지금은 KSP(Kerbal Space Program)에서는 자동 델타 V 기능이 생겨서, 이러한 이론을 다른 행성으로 가는 로켓이나 지구 저궤도에 오를 **SSTO**들이 충분한 속력을 가지고 있는지에 따라서 설계를 짐작하고 견적을 가늠해 보기도 합니다.

> **호만 전이궤도** : 같은 평면에서 서로 다른 두 원 궤도를 이동하는 데 쓰이는 타원궤도를 말한다.

> **SSTO(Single-Stage-to-Orbit)** : 추진체와 유체만을 사용하고 탱크, 엔진 또는 기타 주요 하드웨어를 소비하지 않고 몸 표면에서 궤도에 도달하는 것을 말한다.

② 로켓의 경쟁력은 비추력

비추력은 로켓 추진제의 성능을 나타내는 기준이 되는 값으로 추진제 1kg이 1초 동안에 소비될 때 발생하는 추력(kg×초)이며, 단위는 초로 나타냅니다. 비추진제 소모량(Specific propellant consumption)의 역수(逆數)에 해당해요. 비추력의 값이 클수록 추진제의 성능은 좋아요. 아폴로 우주선을 쏘아 올린 새턴 5형 로켓의 제1단의 액체산소·케로신은 270초 정도, 제2, 3단의 액체산소·액체수소는 350초 정도 연소됩니다. 또한 액체 플루오린·액체수소에서는 365초 정도의 비추력을 나타냅니다.

비추력은 선체가 얼마나 빠르게 가속되느냐에 따라서 높고 낮음이 결정됩니다. 보통 비추력이 1정도 되어야 들어 올릴 수 있는데, 1을 기준으로 그보다 낮으

> **케로신** : 가솔린 다음에 유출되는 석유의 정제품으로 끓는점 150~300℃, 고발열량 10,500~11,000㎉/㎏을 내는 등유의 일종이다. 정제의 정도에 따라 백등유와 갈색 등유가 있다.

> **플루오린** : 원자번호 9번에 해당하는 할로젠(17족) 화학 원소로써 원소 기호는 F이다. 많은 사람에게 플루오린은 불소라는 이름으로 더욱 친숙한 원소이다.

면 선체를 들어 올릴 수 없고, 그보다 높으면 초당 가속이 매우 빨라집니다. 대부분의 사람이 타는 궤도 로켓은 가속시간이 8분으로 다른 ICBM과 같은 대륙간탄도미사일은 2~3분 내외인 것과 비교해서 보면 알 수 있어요.

G-force : 비행 중 급격한 기동으로 유발되는 원심가속도로 인해 조종사 신체의 피가 다리 쪽으로 몰리게 되고, 이로 인해 뇌에 산소 공급이 원활하지 못해 조종사가 실신하는 현상을 일컫는다.

4G : 지구중력인 1G의 4배를 말한다.

선체의 비추력이 높으면 추력이 높다는 뜻입니다. 즉, '반작용'이 높다는 말이기 때문에 반작용이 높으면 선체에 가해지는 **G-force**는 당연히 높아지기 때문에 인간이 견딜 수 있는 중력가속도를 유지해줘야 합니다. 보통 최대가 재진입 포함 **4G**인데 엔진의 추력을 일부러 낮게 해 탑승자의 안전을 보장하는 용도를 확인할 때 사용됩니다.

출처 : 부산과학관

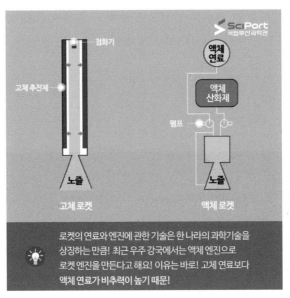

출처 : 국립부산과학관

③ 로켓의 연료 효율 Isp

Isp는 로켓의 연료 효율을 이야기하며, 주로 초(s)단위로 표시해요. 이러한 Isp 가 높은 엔진들은 핵 엔진과 이온엔진이 있습니다.

두 가지 엔진은 모두 비추력이 낮지만, 핵 엔진인 경우에는 분열하는 에너지로 산화제 없이 연료를 태우면서 나갈 수 있는 로켓을 말해요. 이러한 엔진은 산화제가 없으므로 산화제 대신 액체연료를 더 많이 실을 수 있어 효율이 좋습니다.

대부분의 소행성 탐사선 같은 경우에는 제논(Xe)을 이온화시켜 시속 10만 킬로미터로 빠르게 내뿜으며 반작용으로 날아가는 로켓입니다. 기존의 화학로켓 방식

산화제 : 다른 물질을 산화시키고, 자신은 환원되는 물질을 말한다. 상대 물질의 전자를 잃게 하는 능력을 갖는 산화제(oxidizing agent)는 과산화수소, 할로젠 등이 대표적인 예이다.

제논(Xe) : 원자번호 54로 비활성 기체족 원소이다. 지구 대기에서 극미량으로 발견되는 무색, 고밀도, 무취의 비활성 기체이다.

과 달리, 이 엔진은 완전 새로운 엔진으로 추력도 완전 새롭지요. 우주에서는 몇 년 동안 가동할 수 있으며, 일반 화학 로켓으로는 10톤 쓸 것을 겨우 70킬로그램밖에 들지 않아 효과가 좋습니다. 하지만 비추력이 너무 약해 이륙에는 아직 사용을 못 하고 있답니다.

출처 : 이온엔진(NASA)

④ 호만전이궤도

호만전이궤도, 전이궤도라고 하는 이 방법은 발사체가 가장 적은 연료로 다른 행성이나 원 궤도를 갈 때 쓰는 방법입니다. 이러한 호만전이궤도는 심우주 탐사체에 아주 중요한 방법이며, 주로 두 번의 추가 연소로 필요한 만큼의 델타 V를 공급해 주어야 가능합니다.

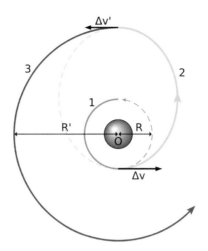

출처 : 우주선의 호만전이궤도(나무위키)

위 그림은 낮은 궤도에서 높은 궤도로 이동하는 우주선의 호만궤도를 나타
내고 있어요. 이 궤도는 낮은 원형궤도에 남으려고 하는 궤도(1의 녹색궤도)와 높
은 원형궤도로 진입하려고 하는 궤도(3의 빨간궤도)가 만난 절반의 타원궤도 형
태입니다. 이 전이(2의 노랑궤도)는 우주선이 이 타원궤도를 따라가기 위해 엔진
을 점화하면서부터 시작됩니다. 우주선이 대상 궤도에 도달하면, 공전속도(및 궤
도에너지)는 타원궤도에서 큰 원궤도로 전환하기 위해 다시 증가해야 해요.

궤도의 가역성 때문에 호만전이궤도는 높은 궤도에서 낮은 궤도로 끌어내리
고자 할 때도 사용됩니다. 이 경우에 우주선의 엔진은 현재 궤도의 반대 방향으
로 점화되어 우주선을 느리게 하고, 이에 따라 우주선은 낮은 에너지의 타원형
전이궤도로 옮겨지게 됩니다. 이후, 우주선이 감속해 작은 궤도를 돌기 위해 엔
진은 낮은 궤도에서 다시 점화됩니다.

호만전이궤도는 즉각적인 속도 변경을 전제로 합니다. 하지만 실제로는 가속을 위해 시간이 걸릴 수 있다는 사실 때문에 이를 보상하기 위한 여분의 연료가 필요해요. 이것은 들어오는 시간을 최소화하기 위해 높은 추력 엔진을 통해 이루어집니다. 저추력 엔진은 신중한 시간 간격의 엔진 점화를 통해 초기 원형궤도를 점진적으로 확대시켜 호만전이궤도의 근사궤도로 이동할 수 있어요. 이는 속도 변화가 두 최소 전이궤도보다 최대 141% 이상 필요하며, 도착하는 시간은 더 많이 걸립니다.

⑤ 플라이바이(Flyby spacecraft)

'플라이바이, 스윙바이, 중력도움' 등 다양하게 불리는 이러한 이름은 선체의 목표 궤도까지 앞서 언급한 호만전이궤도로 생성되면, 목표 행성에 진입하게 된다는 뜻입니다.

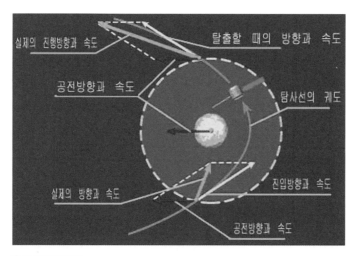

출처 : 네이버백과

미국항공우주국(NASA)은 **템펠1혜성**과 충돌 실험을 위해 2005년 1월 12일 플로리다주 케이프 커내버럴 공군기지에서 발사한 우주탐사선 딥 임팩트호(號)에서 발사한 충돌체와 충돌하여 혜성에 구멍을 내면서 우주 생성원리를 관측할 수 있는 이점을 얻었습니다.

템펠1혜성 : 미국항공우주국(NASA)이 마련한 딥 임펙트(Deep Impact) 계획에 따라 발사된 미국의 무인 우주비행체 임펙터(Impactor)와 충돌한 혜성이다.

통신장비와 분석장비, 영상장비 등을 탑재했으며, 2005년 7월 3일 임펙터와 함께 딥 임펙트호에서 분리된 뒤 템펠1혜성 주위를 돌면서 지정된 임무를 수행합니다. 볼 에어로스페이스 & 테크놀로지스사(Ball Aerospace & Technologies Corp.)가 설계한 플라이바이의 동력 시스템은 알루미늄 벌집구조의 태양전지판과 소형 니켈-수소전지로 구성되어 있습니다. 추진 시스템은 단순한 블로다운 하이드라진(Blowdown Hydrazine)으로 설계된 190m/s의 델타V를 사용하며 질량은 650kg입니다.

템펠1혜성을 연구하기 위해 혜성에서 500㎞ 떨어진 궤도를 돌며 사진을 찍고 혜성의 성분과 구조를 분석할 수 있는 고해상도(HRI) 및 중해상도(MRI)CCD(Charge-Coupled Device: 전하결합소자) 카메라와 적외선 분광기 등을 장착하였습니다. 또 혜성 가까이 안전하게 접근할 수 있도록 빠른 정보처리가 가능한 RAD750 중앙처리장치(CPU)와 1553 데이터 버스에 기반을 둔 항공전자공학 아키텍처, 그리고 안정성 높은 위치 조종시스템 등 첨단 전자장비를 갖추었습니다.

전하결합소자 : 전하를 소자 내 특정 위치에서 다른 위치로 이동시킴으로써 신호를 저장하고 처리할 수 있는 소자이다.

아키텍처 : 하드웨어와 소프트웨어를 포함한 컴퓨터 시스템 전체의 설계방식을 말한다.

플라이바이는 2005년 7월 4일 임펙터와 템펠1혜성이 충돌한 뒤 같은 해 7월

31일까지 **고이득**(High gain) 안테나를 이용해 충돌 전후 혜성의 실시간 이미지와 분석자료를 미국항공우주국에 전송했습니다. 지구와 통신은 X밴드, 임펙터(충격장치)와 교신할 때는 S밴드를 사용합니다.

⑥ 오베르트 효과와 공기저항 패러독스

오베르트 효과는 선체가 행성의 중심으로 다가가는 궤도로 만들어질 때 속도가 많이 늘어납니다. 그 내용을 바탕으로 근지점에서 선체의 속력이 가장 극대화되는 것을 바탕으로 선체가 더 많은 속력을 얻을 수 있다는 효과가 있습니다. 즉, 선체가 지구 또는 다른 행성에 가장 가까운 지점에서 최대치의 속력을 발휘하므로 가속 시에 활용할 수 있습니다.

공기저항 패러독스는 사실 선체가 중심과 가까워지는 궤도를 공기저항을 통해 만들어지면서 선체의 속력이 늘어난다는 것을 말합니다. 보통 공기저항하면 선체에 대항 저항이니 '당연히 속력이 줄겠지' 하고 생각할 수도 있는데, 반대로 선체의 속력은 오히려 늘어납니다. 즉, 공기저항으로 위성 같은 대기궤도의 선체 고도가 낮아지면서, 선체가 지구 중심부와 점점 가까워지는 궤도를 돌게 되어 오히려 더 속도가 늘어난다는 패러독스입니다.

04

해양 모빌리티 용어

① e-Navigation

☑ **내비게이션이 자동차에만 필요할까?**

내비게이션은 항로를 위한 선박에도 필요해요. e-Navigation은 자동차 내비게이션처럼 선박과 육상에서 교통상황, 항만정보, 기상정보 등의 해상 관련 정보를 실시간으로 수집 및 분석하는 차세대 '해상항법체계'입니다. UN 산하 해사안전전문기구인 국제해사기구(IMO)는 2006년 e-Navigation의 도입을 결정해 개발되었습니다.

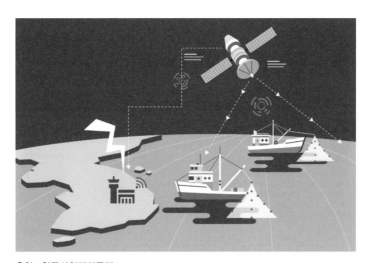

출처 : 한국산업단지공단

운항 및 서비스의 품질 향상을 통해 바다에서 안전과 보안을 증진하고, 해상 환경을 보호하기 위해 2019년부터 기존에 쓰고 있던 아날로그 기반에서 ICT를 활용한 디지털 체계로 전환하는 e-Navigation의 개발 및 적용을 단계적으로 추진해 오고 있습니다.

국제해사기구(IMO)의 개발 전략으로 e-Navigation의 전자적 정보 수집, 통신, 처리 및 표시 등을 표준화된 방식으로 정보 교환을 합니다. 또한 선박 간의 또는 선박과 육상 간 시스템 연계를 통해 안전성을 극대화하였습니다.

e-Navigation의 가장 큰 기대효과는 해상교통관제(VTS)의 관제사 화면과 선박 항해사 화면을 서로 공유함으로써 관제사는 항해사의 화면을 통해 선박의 주변 상황을 파악하고, 항해사는 관제사 화면에서 실시간으로 정보를 확인할 수 있어요.

출처 : 선박해양플랜트 연구소

e-Navigation을 통해 항해사는 업무 부담이 크게 줄어 운항 미숙이나 과실에 의한 해양 사고를 줄일 수 있게 되었습니다. 또한 선박운항 정보가 육상과 실시간으로 공유되어 신속한 입·출항 수속과 하역 준비 등 항만운영업무의 통합이 가능해서 해운 물류 및 운송에 효율성을 높여줄 것으로 기대하고 있습니다.

하지만 국제해사기구(IMO)에서 논의하는 e-Navigation은 국제 항해에 종사하는 일정 규모 이상의 선박이 주요 대상입니다. 따라서 연안에 교통량이 집중되어 있는 우리나라는 100% 적용하기에는 어려움이 있어 국제항해선박보다 연안 해역을 운항하는 국내 선박에 필요한 시스템 개발이 필요했습니다. 이러한 배경으로 한국형 e-Navigation이 만들어졌습니다. 국제해사기구(IMO)의 e-Navigation 개념에 우리나라 해상교통환경에 최적화된 6개 서비스를 추가했습니다.

※ 6개 서비스
상황예측(충돌 등) 및 경보, 사고 취약 선박 선내(화재 등), 모니터링, 최적안전항로 지원, 실시간 전자해도

출처 : 한국형 e-Nav개념도(해양수산부)

2020년부터 단계적으로 시행된 한국형 e-Navigation은 초고속 해상무역통신망인 LTE-M과 전국 263개소의 기지국을 이용해 우리나라 인근해 100km 해역까지 무선 데이터 서비스 체계를 구축하고, 긴급 시에 재난안전통신과 연계해 해양안전관리 체계를 높여나가고 있습니다.

② 무해통항권이란?

선박들은 많은 나라의 영해를 지나게 되는데 다른 나라의 선박들이 우리나라 영해에 마음대로 들어올 수 있을까요?

무해통항권이란 다른 나라의 배가 연안국의 평화와 안전을 해치지 않으면 영해를 자유롭게 다닐 수 있는 권리를 말해요. 어업 행위나 오염물질 배출, 레이더 작동 같은 행위를 하지 않는 조건으로 자유로운 항해를 보장하며, 외국 군함이나 비상업용 선박도 3일 전 사전통보를 하면 영해를 통과할 수 있습니다. 우리나라의 무해통항권 인정 범위는 다소 좁은 편인데, 현재 정전 상태에 있는 북한에 대해서는 무해통항권을 인정하지 않습니다.

정선 : 선박의 진항을 정지시켜 선박 업무를 금지한다는 뜻이다. 평상시에는 국가 주권이 자기 나라의 영토 안에 있는 모든 선박에 대해 해상 경찰권의 집행·세관 단속·소독·검역을 하기 위해 정선을 할 수 있다. 또한 전시에는 교전국의 군함이 임시 검문을 하기 위해 하기도 한다.

투묘 : 배를 정박하고자 닻을 내리는 것을 말한다.

원칙적으로 특정 국가의 영해에 타국 선박이 진입할 때는 허가를 받아야 합니다. 하지만 바다는 해상교통의 통로이기 때문에 외국선박에 대해 어느 정도 항행의 자유를 보장해줄 필요가 있어 무해통항권이 만들어지게 되었어요.

하지만 무해통항권을 인정받은 선박은 정선으로 선박 업무만 금지되고, 단지 통행만 가능할 뿐 타국 영해 내에서의 투묘, 어업이나 연안 운수 등의 행위를 할 수 없습니다. 또한 잠수함은 반드시 부상해 자국의 국기를 게양하고 항해를 해야 해요. 연안국은 그 영해 내의 특정구역에 있어서 안정을 위해 외국 선박의 무해통항을 일시적으로 정지할 수 있습니다. 그런데 무해통항권이 적용되지 않는 경우도 있어요. 모든 국가의 선박들이 무해통항권을 갖게 되는데, 항만, 내해, 하천, 호소 등을 포함하는 내수는 법률상으로는 영토와 같은 성질을 갖게 되어 무해통항권이 적용되지 않습니다.

호소 : 늪과 호수를 이르는 말이다.

　연안국이 항로대를 지정하거나 분리 통항방식을 설정하는 경우에는 유조선, 핵추진선박 등 위험한 물질이나 재료를 운반하는 선박에 대해서는 항로대를 지정 후 그 항로로만 다니도록 요구할 수 있어요.

분리 통항방식 : 선박이 통항하는 항로 · 속력 기타 선박 운항에 관한 사항을 지정하는 제도로 항로지정방식의 하나이다. 육지의 '일방통행' 제도와 유사하다.

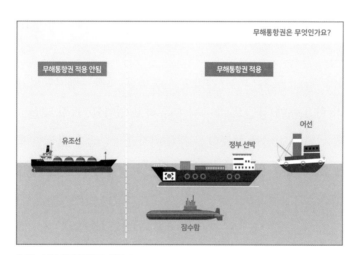

출처 : 선박해양플랜트 연구소

③ 바다 위에서도 자율주행 스마트 선박

4차 산업혁명으로 스스로 이동할 수 있는 다양한 운송수단이 연구되고 있습니다. 지상에는 자율주행자동차가 있고, 하늘에는 무인항공기가 있다면, 해상에는 무인선박이 있어요. 무인선박은 파도 높이만큼의 조수 간만의 차이, 태풍과 같은 기상환경과 주변 선박의 위치와 운항정보, 이동상황을 고려해 스스로 항로를 설정하고 항해하는 배를 말해요.

해상교통에 관련된 국제적 표준규범을 수립하는 국제해사기구(IMO)는 사람과의 상호작용 없이 다양한 자동화를 통해 자율적으로 운항할 수 있는 선박을 통틀어 '자율운항선박(MASS:Maritime Autonomous Surface Ship)'이라고 합니다. 또한 수중이 아닌 수상에서 활동한다는 점에 주목해 '무인 수상함(USV:Unmanned Surface Vehicle)'이라고 부르기도 하고, 스스로 알아서 움직인다고 '스마트 선박'이라고도 해요.

국제해사기구(IMO)는 스마트 선박도 드론이나 자율주행자동차처럼 자율화 수준에 따라 약 4~5개 등급으로 나눠 분류하고 있어요. 가장 낮은 1등급은 일부 자동화돼 선원의 판단을 보조하는 수준이지만, 4등급은 특별한 경우에만 선원이 개입할 뿐 항해의 거의 모든 과정에서 선박 스스로 경로를 만들고 운항할 수 있습니다.

☑ 스마트 선박은 어떤 장점을 가지고 있을까?

스마트 선박은 디지털화와 향상된 통신기술로 관리해 탑승자 수가 적어지거나 아예 타지 않으므로 선박의 공간 활용성이 좋고, 선박관리에 필요한 자원 및 인력을 줄일 수 있답니다. 사람의 안전과 편의를 위해 마련했던 공간을 줄여서 짐이나 연료를 더 실을 수도 있고, 설계단계부터 선박의 디자인, 구조를 사람의 편의보다 항해에 최적화된 형태로 제작해 운항속도 향상이나 연료 절감 등 선박의 전반적인 성능을 높일 수 있으며, 연료 절감으로 인해 친환경적인 운행도 가능합니다.

스마트 선박은 사람의 안전성 확보에도 중요한 역할을 해요. 현재 선박에 의한 해양 사고 중 80%가량은 인적 과실이라는 분석이 나오고 있어요. 사람이 배에 탑승하지 않으면 인명과 직결된 안전사고의 발생 가능성도 그만큼 낮아질 수 있어요. 또한 영화처럼 위험한 해역에서 해적과 마주치더라도 인질 발생 가능성도 없어 인명 피해도 줄일 수 있지요.

스마트 선박은 조업 감시, 어군탐지, 해양조사, 오염 방제, 해양청소, 해난 구조 등 장시간 해상에 머물러야 하는 임무에도 효과적입니다.

스마트 선박의 개발 및 상용화는 현재 방산 분야에서 가장 빠르게 진행되고 있어요. 제2차 세계대전 직후 미 해군 기뢰제거 작업에 무인 선박을 투입하기 시작하면서 최초로 도입된 이후, 지금은 영국, 프랑스, 노르웨이, 중국, 터키 등 다수의 국가들이 기뢰제거, 사격연습용, 정찰용 등으로 소형 자율운항 선박으로 사용하고 있습니다.

기뢰 : 공 모양의 관(罐) 속에 폭약·발화 장치를 갖춘 폭파 장치이다. 수중에 설치해 배를 폭파하는 용도로 사용된다.

민간에서도 스마트 선박 상용화를 위한 실증 시험이 꾸준히 진행되고 있습니다. 특히 대형 자율운항 선박 개발 프로젝트 중 가장 주목받는 선박은 '야라 버클랜드'라는 비료 운반선입니다.

출처 : 야라 버클랜드 비료 운반선(야라코리아)

출처 : 세계해양포럼 공식블로그

야라 버클랜드는 롤스로이스의 해양 산업을 인수한 노르웨이 기업 콩스버그 그루펜의 자율운항기술과 조선사 바드의 건조 능력, 비료기업 아라인터네셔널의 발주 능력, 노르웨이 정부의 지원으로 결합한 공동 프로젝트로 개발되었습니다.

건조비용은 2,500만 달러로 일반 화물선보다 3배 정도 비싸지만 연간 운용비를 약 90% 절감할 수 있으며, 2020년 완공해 2022년에는 진수될 예정입니다.

진수 : 육상의 조선소에서 건조된 선박을 수상에 처음으로 띄우는 일을 말한다.

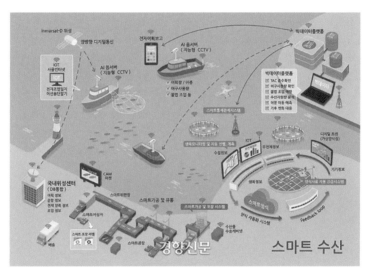

출처 : 무인자율운항선박 개발(해양수산부)

차세대 교통수단, 도심항공 모빌리티 (UAM) 허브

01

UAM의
무궁무진한 활용 분야

"전 세계적으로 도시화(Urbanization)가 빠르게 진행되고 있다고?"

UN 경제사회국에 따르면, 2010년을 기점으로 전 세계 도시인구가 지방 인구를 추월하기 시작했으며, 2018년에 도시화율은 55.3%를 기록했습니다. 2050년이 되면 전 세계 도시화율은 68.4%에 이를 것으로 전망하고 있어요. 우리나라의 도시화율은 이미 81.5% 수준이며, 2050년 86.2%에 달할 것으로 예측하고 있습니다.

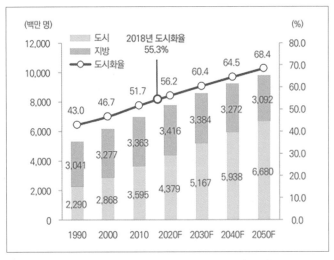

출처 : UN Department of Economic and Social Affairs(2019)

각 국가가 정한 행정구역상 도시인구와는 일부 차이가 있을 수 있으나, 전 세계 도시권의 인구 비교를 위해 UN이 발표한 기준에 따르면, 세계에서 인구가 가장 많은 도시는 일본 도쿄로 3,747만 명에 달하고, 인도의 델리가 2,851만 명, 중국의 상하이가 2,558만 명으로 그 뒤를 잇고 있습니다. 우리나라의 수도인 서울의 경우에도 996만 명으로 1,000만 명에 육박하고 있어요.

UN의 조사 결과, 전 세계에 1,000만 명 이상이 거주하는 메가시티(Megacity)는 1990년 10개에 불과했으나 2018년 33개로 증가했고, 2030년 43개에 이를 것으로 전망하고 있습니다.

앞으로 도시의 교통 혼잡과 환경문제를 다소 완화해 줄 수 있는 이동수단으로 도시의 단거리 항공 운송 수단인 '도심 항공 모빌리티(Urban Air Mobility, UAM)'가 널리 활용될 것입니다.

출처 : Getting mobility off the ground(삼정KPMG 경제연구원)

☑ 눈앞으로 다가온 플라잉카(Flying Car) 시대

UAM은 기존의 민간항공기나 헬리콥터가 아닌 도시환경에서 운용하기 적합하며, 누구나 쉽게 이용할 수 있는 새로운 이동수단으로 주목받고 있습니다. 앞

> **UAM(Urban air mobility)** : 도심 항공 교통을 말한다.

으로 도시 하늘을 누빌 새로운 교통수단인 하늘을 나는 자동차, 즉 플라잉카 (Flying Car) 시대가 대중화될 것입니다. 초기 플라잉카 모델들은 도로주행과 공중비행은 모두 가능하지만, 내연기관 엔진을 사용해 공해를 유발하고, 소음이 크다는 단점이 있었습니다.

모델명	트랜지션(Transition)	리버티(Liberty)	에어로모빌 3.0(AeroMobil 3.0)
형상			
제조사	테라퓨지아 (미국, 2017년 중국 지리자동차가 인수)	팔브이(네덜란드)	에어로모빌(슬로바키아)
공개시점	2009년	2012년	2014년
주요특징	■ 접이식 날개 장착 ■ 로텍스 912S 엔진(경비행기형) ■ 비행모드 변환과정 : 30초 ■ 이륙에 필요한 거리 : 518m ■ 최대비행거리 : 640km ■ 최고비행속도 : 161km/h ■ 예상가격 : 40만~50만 달러	■ 접이식 프로펠러 장착 ■ 풍력발전 기반 로터 ■ 곡선도로 주행 시 틸팅 가능 ■ 비행모드 변환과정 : 10분 이내 ■ 최대비행거리 : 500km ■ 최고비행속도 : 180km/h ■ 예상가격 : 40만 달러(보급형), 60만 달러(고급형)	■ 접이식 날개 장착 ■ 비행모드 변환과정 3분 이내 ■ 이륙에 필요한 거리 : 200m ■ 최대비행거리 : 700km ■ 최고비행속도 : 200km/h ■ 상업모델인 에어로모빌 4.0은 2020~2021년도 출시 예정 ■ 예상가격 : 130만 달러

출처 : 언론보도 종합(삼정KPMG 경제연구원)

　　최근 드론과 항공기의 결합은 자동차와 항공기를 결합한 전통적인 플라잉카의 단점을 극복하고, 도시문제를 해결할 수 있는 새로운 대안으로 떠오르고 있습니다.

　　현재 활발하게 개발이 진행되고 있는 드론형 공중 이동수단은 기술적으로 배터리와 모터가 추진동력입니다. 따라서 친환경적이고, 소음이 적으며, 건물 옥상 등 도심 내에서의 수직이착륙이 가능해 이를 발전시킨 UAM을 활용합니다. 즉, 드론은 활주로가 필요하지 않고, 지점 간(Point-to-Point) 운송이 가능하기 때문에 초기 플라잉카 모델보다 UAM 생태계에 적합한 운송수단으로 인식되고 있지요.

또한 장애물이 많지 않은 공중에서만 이동하며 도로주행을 겸했던 초기 플라잉카 모델들에 비해, 원격조종이나 자율비행의 적용이 수월해 이를 개인용 비행체(Personal Air Vehicle, PAV)로 활용하고 있어요. 여기에 도심지에서 쉽게 이착륙할 수 있는 전기동력 수직이착륙기(eVTOL)로 개발하고 있습니다.

우버와 현대자동차는 PAV(Personal Air Vehicle)를 기반으로 한 UAM(Urban Air Mobility) 사업 전략적 파트너십을 맺고 CES에서 실물크기의 PAV 콘셉트를 최초 공개했어요. 우버는 미국 항공우주국(NASA) 등과의 공동연구를 통해 항공 택시의 개발 프로세스를 외부에 개방하여 글로벌 PAV 제작 기업들과 협력하고 있습니다. 파트너십 체결로 현대차는 PAV를 개발하고, 우버는 항공 승차공유 네트워크를 통해 고객들에게 도심 항공 모빌리티 서비스를 제공하게 됩니다. 우버 엘리베이트(Uber Elevate)는 혁신적인 제품을 가능한 많은 고객들에게 제공하여 우버 자동차와 PAV를 연계한 모빌리티 서비스를 제공하려고 합니다.

02

에어택시 및 드론택시
패러다임의 변화

우버에어는 기존 우버엑스(Uber X)와 같은 지상의 차량호출서비스 등과 결합해 상당한 시너지를 발휘할 것으로 기대하고 있습니다. 우버는 하나의 통합된 플랫폼을 구축해 지상과 공중을 모두 포함한 최적의 경로를 탐색하고 최적의 방식과 비용으로 다양한 이동수단을 연계해 이용자들이 더욱 편리하게 모빌리티를 이용할 수 있도록 계획하고 있어요.

온디맨드 : 수요자가 원하는 물품이나 서비스를 바로 공급하는 비즈니스 모델. 2002년 IBM의 차세대 사업전략으로 제시되면서 주목받는 트렌드로 떠올랐다. 초기에는 VOD와 같이 개인소비자와 기업 공급자로 시작했던 온디맨드 서비스는 모바일의 확산과 O2O 환경의 조성에 따라, 개인 소비자와 개인 공급자 사이에서 새로운 경제 트렌드로 확장되었다.

따라서 복합 항공 승차공유(Mulimodal Aerial Ridesharing) 비전을 가지고 있으며, 다른 모빌리티 회사와 차별성을 띱니다. 이는 **온디맨드**(On-Demand) 측면에서 PAV를 활용한 공중 이동 서비스만을 준비하는 기업들에 비해 우버만의 차별화 전략으로 우위를 차지할 것으로 예상하고 있지요.

UAM 생태계의 기본 가치는 개인용 헬리콥터나 전용기와 같이 특정 부유층의 전유물이 아닌, 일반시민이라면 누구나 쉽게 이용하는 것을 목표로 하고 있어요. 즉, 공공성과 대중성 두 가지를 모두 취하는 방향으로 발전하려고 합니다.

98

〈지상과 공중의 온디맨드 모빌리티 서비스〉

출처 : The Future of Vertical Mobility(삼정KPMG 경제연구원)

우버엘리베이트는 2023년 우버에어 출시 시점의 서비스 이용 가격을 1마일당 5.73달러 수준이 될 것이라고 예측하고 있어요. 현재 헬리콥터로 1마일 이동하는 비용이 9달러 수준인 것을 감안하면, 상대적으로 낮은 수치이나 일반 시민이 이용하기에는 여전히 높은 금액입니다.

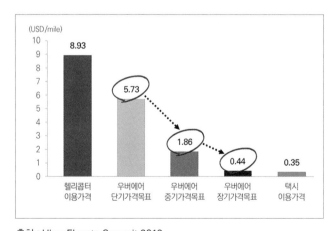

출처 : Uber Elevate Summit 2019

우버는 우버에어의 대중화를 위해 장기적으로 1마일당 가격을 현재의 택시 가격과 유사한 수준까지 끌어내릴 수 있도록 연구하고 있답니다. 우버에어 서비스가 활성화되는 중기에는 1마일당 가격을 1.86달러까지 낮추고, 장기적으로는 44센트까지 낮추는 것을 목표로 하고 있습니다. 그러면 이동거리당 요금이 택시와 비슷한 수준으로 우버에어와 우버택시를 연계해 최단시간으로 이동할 수 있는 운행수단을 확보해 더 큰 수익을 창출하는 혁신 사업이 될 것입니다.

SKT는 자회사 티맵모빌리티와의 협력을 통해 UAM과 지상 모빌리티 서비스를 연계하는 플랫폼을 구축하려고 합니다. UAM 탑승 예약부터 버스·철도·퍼스널 모빌리티 등 육상 교통수단과의 환승 서비스까지 통합 제공할 수 있는 MaaS(Mobility as a Service)를 구현하겠다는 뜻입니다. 티맵모빌리티와 함께 모빌리티 시장 양강구도를 형성하고 있는 카카오모빌리티 또한 UAM 사업에 뛰어들었어요. 앱 가입자 수 3,000만명을 앞두고 있는 플랫폼에서의 막강한 지위를 강점 삼아 국내 UAM 대중화를 이뤄내려고 움직이고 있습니다.

03

개인항공기(PAV)의 시대

PAV 개발 시장은 수년 전부터 보잉, 에어버스 등과 같은 글로벌 항공기 OEM들이 본격적으로 참여하기 시작했으며, 최근에는 현대자동차, 아우디, 도요타 등 글로벌 완성차들도 속속 합류하고 있습니다. 뿐만 아니라 인텔이나 텐센트와 같은 IT 기업들도 PAV 개발 업체들에 대한 투자를 활발하게 진행하고 있어요.

PAV : 개인비행체 (Personal Air Vehicle)로 무인기 기술을 한 단계 높여 비행기를 개인 교통수단으로 발전시킨 개념이다. 전기동력(모터·배터리)을 사용해 도심 상공에서 사람이나 화물을 운송하는 3차원 모빌리티 수단으로 항공, 자동차, 정보통신기술(ICT), 인공지능(AI) 등 다양한 기술과 산업을 융합하는 신산업으로서 혁신적 교통수단을 제공한다.

여객용 PAV 운행 대수는 기준선(Baseline) 추정으로 2025년 500대에서 2035년 15,000대에 이를 것으로 예측되며, 진보적인 추정으로는 2035년 43,000대에 달할 것으로 전망되고 있습니다.

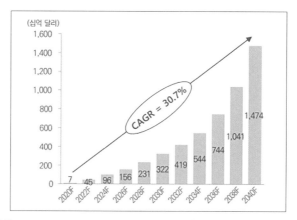

출처 : Are Flying Cars Preparing for Takeoff?(Morgan Stanley(2019))

산업의 경계를 넘어 PAV 제조와 UAM 서비스 시장에 관심과 투자가 몰리고 있습니다. 모건스탠리에 따르면, PAV 제조와 여객 및 화물 운송 서비스를 아우르는 전체 UAM의 잠재적 시장규모는 2040년 1조 5,000억 달러에 달할 것으로 전망되고 있어요.

새롭게 태동하는 거대한 시장이지만 아직까지 시장에 지배적인 강자가 없다 보니, 시장을 조기 선점하고 새로운 성장 동력을 얻기 위해 기업들은 앞다투어 PAV의 연구개발과 자본투자에 뛰어들고 있습니다.

2030년에 접어들면 전 세계적으로 매년 1,200만 명의 승객이 UAM을 이용할 것으로 전망하며, 2050년에 이르면 4억 4,500만 명에 달할 것으로 추정해요.

다만 UAM의 활용범위는 시기별로 다소 차이가 있을 것으로 예상하는데, 2030년대에는 우선 도심과 공항을 오가는 셔틀 노선으로 활용되고, 2040년대에 접어들면 도심의 출퇴근 통근 노선이나 항공택시까지 활용범위가 확대될 것으로 예상됩니다. 이후 2050년대에 이르면 광역권 도시 간 이동도 가능해질 것으로 전망하고 있습니다.

특히, 2050년 UAM 이용객 수가 가장 많은 10개 도시는 도쿄, 상하이, 베이징, 델리, 뉴욕, 서울, 로스앤젤레스, 뭄바이, 오사카, 광저우가 될 것으로 예상해요. 해당 10개 도시의 이용객 수는 전체 이용객의 1/3을 넘어서면 폭발적으로 늘어날 것으로 예측하고 있답니다.

04

항공 및 무인항공기 계약학과

구분	학교명
고등학교	경기기계공고 항공드론과(서울 노원구)
	경기자동차과학고 미래자동차학과(경기 시흥시)
	경북드론고 드론전자과(경북 청도군)
	고흥산업과학고 드론산업과(전남 고흥군)
	대전전자디자인고 드론전자과(대전 유성구)
	숭의과학기술고 스마트드론전자과(광주 남구)
	안강전자고 드론전자과(경북 경주시)
	영북고 드론과(경기 포천시)
	원주공고 드론전자과(강원 원주시)
	인천대중예술고 드론운용과(인천 미추홀구)
	전북하이텍고 드론항공과(전북 완주군)
	충남드론항공고 드론테크과(충남 홍성군)
전문대학	동원과학기술대 헬기드론정비과(경남 양산시)
	명지전문대 드론정보공학과(서울 서대문구)
	영진전문대 무인항공드론과(경남 진주시)
	인하공전 항공기계공학과(인천 남구)
	전남과학대 드론제작운항과(전남 곡성군)
	폴리텍 항공캠퍼스 항공기계과(경남 사천시)
대학교	가톨릭관동대 무인항공학과(강원 강릉시)
	건국대 스마트운행체공학과(서울 성동구)
	고려대(세종) 미래모빌리티학과(충남 세종시)
	공주대 지능형모빌리티공학과(충남 공주시)

대학교	국민대 미래모빌리티학과(서울 성북구)
	순천향대 스마트자동차학과(충남 천안시)
	영남대 미래자동차학과(경북 경산시)
	인하대 스마트모빌리티공학과(인천 연수구)
	전남대 지능형모빌리티융합학과(광주 북구)
	초당대 항공드론학과(전남 무안군)
	청주대 무인항공기학전공(충북 청주시)
	한서대 무인항공기학과(충남 서산시)
	항공대 스마트드론공학과(경기 고양시)

☑ 앞으로 무인항공기가 더 널리 활용될까?

방송국 등에서 항공사진과 영상을 촬영하는 일, 무인드론을 조종하는 부사관 활동, 항공으로 농약을 뿌리는 등의 일을 수행할 수 있어 앞으로 무인항공기의 활용 분야는 더욱 넓어질 것입니다.

경기기계공고 항공드론과는 교내에 서울시 지정 대한민국 최고의 비행장 및 교육시설이 설치되어 있는 교육원을 운영하고 있습니다. 학생들의 드론 자격 취득을 위한 여러 시설이 있기 때문에 실습을 편하게 할 수 있어요. 이 학과는 전기, 전자 계열의 기초과목을 바탕으로 항공 관련 실무 교과를 배움으로써 항공드론 분야의 융합형 인재를 양성하고 있어요.

경북드론고 드론전자과의 경우는 지역의 차별화를 꾀하기 위해 청도전자고에서 경북드론고로 교명을 바꾸고, 지역의 드론 인재 계획에 발맞춰 지역과의 연계를 추진하고 있어요. 2020년부터는 드론전자과로만 신입생을 선발하고 있답니다. 드론전자에 특화된 교육과정을 운영하며, 드론동아리, 드론 촬영편집, 드론

운용기술을 배우는데요. 특이한 점은 야간동아리 운영이에요. 기업이미지 메이킹이나 대기업반, 글로벌반 등 다수를 운영해 다양한 체험학습을 실현하고 있습니다. 또한 기업, 대학, 청도전자고등학교 간 연계를 통한 맞춤식 교육과정도 운영하고 있어요.

☑ 이 외에도 최근 신설된 드론 학과를 소개해주세요.

한국항공대는 2021년부터 스마트드론공학과를 신설했어요. 이 학과는 드론의 설계·제작·운용을 배워 항공사나 최근 수요가 증가한 방송사, 물류업체 그리고 육·해·공군 드론 조종사 등 다양한 분야에 취업이 가능할 정도로 인기가 많은 학과입니다.

2016년부터 무인기 융합전공을 운영하고. 국토교통부의 드론 활용 신산업 분야 안전성 검증 시범사업과 산업통상자원부의 산업용 무인비행장비 전문인력 양성사업 등 정부지원사업을 수행하고 있어요.

세종사이버대에서는 4차 산업혁명시대를 대비한 사회적 수요와 트렌드에 맞춘 인재 양성을 위해 사이버대 최초로 드론학과를 신설했어요. 드론 교육이 온라인으로 가능하다니 어떻게 수업이 진행될지 궁금해지기도 합니다.

산학협력을 통해 학생들의 산업체 체험, 학술활동, 자격증 취득 등 산업체 연계 융합 특성화 프로그램을 진행해 실무중심 수업으로 드론 운용사, 드론 정비사, 드론 소프트웨어 개발자를 육성할 계획을 가지고 있습니다. 또 컴퓨팅 사고력, 프로그래밍 능력 향상을 위해 드론학 전문 커리큘럼을 운영하고 졸업 후 실제 업무에 바로 투입할 수 있도록 실무 솔루션을 가지고 있어요.

처음에는 취미로 시작했던 드론으로 많은 수익을 내고 있는 사람들도 많다고 하니, 한번 도전해 보는 것도 좋겠죠!

05

항공 및 무인항공기학과
교육과정

① 폴리텍 항공캠퍼스 항공기계과

구분	1학년	2학년
공통 교과목	공학기초 국제항공법 항공기 기체 3D모델링 실습	소프트웨어 활용 미래산업과 기술 동향 헬리콥터 이론 항공기 안전관리 실습 항공기 품질관리 실습
설계 교과목	재료역학 유체역학 열역학 항공계기 왕복엔진 항공기설계 기계가공 실습 항공역학 항공장비 가스터빈 왕복엔진 실습 항공전기 실습 CAM 실습 현장실습1	기체제작 실습 가스터빈 실습 컴퓨터프로그래밍 실습 CATIA설계 심화 항공기 부품설계 실습 기계요소설계 실습 항공역학 실습 창의공학 실습 항공CAE 실습 항공지공구설계 실습 기체제작심화 재료시험 실습 융합프로젝트 실습 현장실습2

제작 교과목	재료역학 유체역학 열역학 항공계기 왕복엔진 항공기설계 기계가공 실습 항공역학 항공장비 가스터빈 현장실습1	기체제작 실습 가스터빈 실습 컴퓨터프로그래밍 실습 CAM응용기술 CNC공작기계 실습 항공역학 실습 창의공학 실습 초정밀측정 실습 치공구제작 실습 기체제작 실습 재료시험 실습 융합프로젝트 실습 현장실습2

폴리텍 항공캠퍼스 항공기계과는 2개 전공으로 설계와 제작으로 나뉘어 심층적인 실습과 현장실습까지 배울 수 있는 것이 특징입니다. 대부분은 설계와 제작을 함께 배워 깊이 있는 내용을 다루기 힘들기에 설계에 중점을 두고 학습한 후, 모형 항공기를 제작하는 활동을 해요.

항공캠퍼스는 항공 분야의 특화된 내용을 지도하고 실제 비행기를 제작해보는 일까지 할 수 있기에 배운 지식을 현장에서 바로 사용할 수 있는 장점이 있어요.

항공기계과는 정비과와 다르게 **CATIA**라는 설계프로그램을 사용해서 도면을 보고 제작하고 설계하는 것뿐만 아니라 풍동시험, 항공기 기체 및 시스템, 기관(왕복엔진과 가스터빈엔진), 유체, 열, 재료역학 등을 배우며 항공기 제작사인 KAI나 군무원, KAEMS(MRO업체)와 같이 설계하는 기업에 주로 취업합니다.

CATIA(Computer Aided Three dimensional Interactive Application) : 프랑스 다쏘시스템에서 자동차나 항공기를 설계하기 위해 만든 3차원 컴퓨터 지원 설계 프로그램이다.

② 가톨릭관동대 무인항공학과

구분	무인기 설계	무인기 제어	무인기 운영
1학년	항공우주개론 항공수학 전산기계제도 공업역학		항공법규 항공기상
2학년	재료역학 항공기계제도 드론기구설계	전자회로기초 무인기 프로그래밍	무인항공학개론 회전익 운항 실습1
3학년	전산구조 실습	항공역학 무인임베디드SW 드론마이크로프로세스 무인임베디드SW	회전익 항공기 개론
4학년	무인기설계 무인기제작 실습	무인지제어공학	회전익 운항 실습2 회전익 운항 실습3

가톨릭관동대는 항공특화대학으로 무인기설계, 무인기제어, 무인기운영 3개 전공을 운영하고 있어요. 교내에 설립된 무인기조종전문교육기관에서 조종교육을 할 수 있을 정도로 교육 효과를 높이고 있으며, 재학 중 국가 무인기(드론)조종자, 지도조종자 등을 취득할 수 있어요. 무인항공학과는 국토부 전문인가를 받은 무인기조종교육원으로 모든 교내에서 운영하는 전국 최초의 종합대학입니다.

☑ ROTAX 엔진을 알고 있나요?

우리나라 경량 항공기의 90% 이상이 장착하는 엔진으로, 관련 정비 자격증을 따려면 ROTAX 교관 자격증이 있는 사람에게 교육을 받아야 해요. 아시아에 2명이 있는데 그중 한 명이 가톨릭관동대에 있습니다. 양양 공항을 활용해 정비와 시험비행까지 할 수 있으며, ROTAX 정비센터를 운영할 계획까지 가지

고 있어요. 항공 정비를 아는 사람이라면 **MRO**가 어
떤 의미인지 이제는 알겠지요?

    또 하나의 매력은 가톨릭관동대에 공군 ROTC가
있어 폭넓은 진로 플랜을 세울 수 있고, 항공정비사
자격증으로 부사관 활동을 할 수 있다는 것입니다.

MRO(Maintenance, Repair and Overhaul) : 항공기를 정상적으로 운용, 유지하기 위해 정기적으로 수리 및 정비를 하는 것을 말한다.

〈공군 ROTC 대학〉

서울과기대, 숙명여대, 연세대, 항공대, 가톨릭관동대, 경상국립대

〈공군 부사관학군단 RNTC 대학〉

영진전문대

③ 동원과학기술대 헬기드론정비과

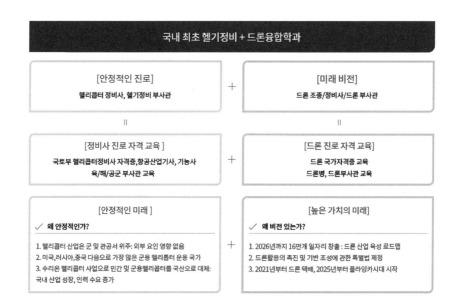

국내 최초 헬기정비 + 드론융합학과

[안정적인 진로] 헬리콥터 정비사, 헬기정비 부사관	+	[미래 비전] 드론 조종/정비사/드론 부사관
‖		‖
[정비사 진로 자격 교육] 국토부 헬리콥터정비사 자격증, 항공산업기사, 기능사 육/해/공군 부사관 교육	+	[드론 진로 자격 교육] 드론 국가자격 교육 드론병, 드론부사관 교육
[안정적인 미래] ✓ **왜 안정적인가?** 1. 헬리콥터 산업은 군 및 관공서 위주: 외부 요인 영향 없음 2. 미국,러시아,중국 다음으로 가장 많은 군용 헬리콥터 운용 국가 3. 수리온 헬리콥터 사업을 민간 및 군용헬리콥터를 국산으로 대체: 국내 산업 성장, 인력 수요 증가	+	[높은 가치의 미래] ✓ **왜 비전 있는가?** 1. 2026년까지 16만개 일자리 창출 : 드론 산업 육성 로드맵 2. 드론활용의 촉진 및 기반 조성에 관한 특별법 제정 3. 2021년부터 드론 택배, 2025년부터 플라잉카시대 시작

동원대 헬기드론정비과는 전국 최초로 헬리콥터 정비와 드론을 융합한 학과로서 항공 모빌리티 산업을 이끌 인재를 양성하는 학과입니다. 특히, 항공기술 부사관을 양성하고 있으며, 개인항공기(PAV), 드론택시, 도심형항공기(UAM) 분야 운용 엔지니어 능력까지 배울 수 있습니다.

또한 '전문대 최초' 국토부 항공정비사 전문교육기관 지정을 받은 학교로, '항공안전법' 규정에 따라 항공정비사 자격증 취득을 위해 요구되는 국토부 지정 표준교육과정을 운영하고 있습니다. 실무지식과 실무경험을 바탕으로 2021년 국토부에서 시행하는 항공정비사 면허 자격증을 전국 대학 가운데 최대 인원이 취득했어요.

그리고 이 학과만의 특화 프로그램 'D-CDR' 운영하고 있어요. D-CDR (DIST-Career Development Roadmap)은 학생들이 선택한 진로를 개발할 수 있도록 전공은 물론이고 교양·비교과 과목을 아우르는 학생 맞춤형 교육과정 체계를 완성해 '입시', '자격증', '취업'까지 세 가지를 모두 만족할 수 있도록 지원하고 있습니다.

지리적 이점도 있습니다. 동원과기대가 위치한 경남은 전국 항공 산업의 85% 이상을 차지할 정도로 항공 특화지역으로 대한항공, KAI, 아스트, 하이즈 항공, 율곡, 미래항공 등 경남에만 30여 개에 달하는 항공기 제작 업체가 몰려 있습니다. 따라서 지역 산업 인프라를 바탕으로 항공기 생산과 제작뿐만 아니라 현장 실습 능력까지 배양하기에 항공 분야 취업을 원하는 학생들에게는 좋은 대학이 될 것입니다.

④ 초당대 항공드론학과

구분	드론 조종 및 운용역량	드론시스템 분석 및 설계역량	드론 설계 및 제작역량
1학년	무인기운용실습1 항공우주학개론	무인기시스템개론 대학수학1 항공기구조역학 물리학 대학수학2	
2학년	무인기항행시스템	수치해석 항공기체 항공역학 제어공학	프로그래밍 항공전자기초실습 기체제작실습 임베디드SW
3학년	무인기운용실습2		비행체구조설계 무인기추진기관 항공응용제도 무인기시스템설계 무인기제어실습 무인기충돌회피
4학년	항공안전관리 무선통신공학 항공교통관제		항공영상처리 창의적공학설계

초당대는 항공특화대학으로 항공드론학과에서 3개 전공으로 나뉘어져 드론 조종 및 운용역량, 드론 시스템 분석 및 설계역량과 드론 제작역량을 키울 수 있도록 교육과정을 편성했습니다. 이를 바탕으로 2가지 이상의 역량을 키워 다양한 분야에서 임무를 수행할 수 있답니다.

초당대의 경우 4년제 대학으로서 최초로 항공드론학과를 개설했어요. 그만큼 많은 교육과정 노하우를 쌓고 무인항공기의 조정·정비·설계·제어 및 운영 기술력을 겸비한 드론 전문인력을 양성하고 있답니다. 특히 군용 및 공용 무인기 운영 전문인력 양성에 많은 에너지를 쏟고 있어요.

국토교통부 지정 비행교육원과 글로벌 비행기 엔진 제작사인 오스트리아 로택스(Rotax)의 엔진 트레이닝센터도 초당대에 있을 정도로 매력적인 학교입니다. 실제 드론을 체험할 수 있는 '드론월드'도 만들고, 드론 조종 시뮬레이터 등까지 갖춰 드론 조종 능력을 극대화할 수 있어요. 이처럼 실무경험을 겸비한 항공 드론 전문가로 거듭날 수 있답니다.

☑ 군전략의 변화로 급부상한 드론의 활약을 살펴볼까요?

드론봇 전투단은 전략환경이 급격하게 변화하자, 한반도 평화와 번영을 뒷받침할 지상군의 역할 중 매우 중요한 임무를 수행할 것이라는 예측하에 2021년 새롭게 창설되었습니다. 육군은 육군 예하 군단·사단·연대·대대급 부대에 드론봇 부대를 편성하여 감시정찰, 공격, 군수품 수송 등을 담당하는 드론을 운용합니다. 육군의 군단급 정찰용 드론인 RQ-101은 전방 지역의 적군의 활동을 정찰하는 기능을 갖추고 있습니다. TV카메라와 전방 관측장비 등을 통해 6시간 동안 비행하면서 획득한 영상정보를 제공합니다. 헤론(Heron)은 서북도서와 수도권 북부 접경지역 정찰을 위해 이스라엘에서 도입한 군단급 정찰용 무인기입니다. 고도 9~10㎞에서 활동하며 250㎏ 상당의 탐지장비를 장착한 채 40시간 이상 비행이 가능합니다.

06

항공 및 무인항공기학과를 위한
과목 선택

    2022 개정교육과정에서는 융합선택과목과 진로선택과목으로 세분화되어 자신이 전공하고자 하는 분야에 대해 깊이 배울 수 있도록 선택과목의 폭을 넓혔습니다.

교과	선택과목		
	일반선택	융합선택	진로선택
국어	화법과 언어 독서와 작문 문학	독서 토론과 글쓰기 매체 의사소통	주제탐구 독서 문학과 영상
수학	대수 미적분I 확률과 통계	실용통계 수학과제 탐구	미적분II 기하 인공지능 수학 심화수학I, II 고급수학I, II
영어	영어I 영어II 영어독해와 작문	실생활 영어회화 미디어 영어	영어 발표와 토론 심화영어 심화영어 독해와 작문
사회	사회와 문화 현대사회와 윤리	역사로 탐구하는 현대세계 사회문제 탐구 윤리문제 탐구	도시의 미래 탐구 법과 사회 윤리와 사상 인문학과 윤리

과학	물리학 화학 지구과학	과학의 역사와 문화 기후변화와 환경생태 융합과학 탐구 물리학실험	역학과 에너지 전자기와 빛 물질과 에너지 행성우주과학 과학과제 연구 고급물리학
교양	논리학 진로와 직업 논술		지식재산 일반

☑ 항공 및 무인항공기학과를 희망하는 경우 고등학교 때 어떤 과목을 꼭 들으면 좋을까요?

항공역학 과목은 공기 중을 비행하는 비행체가 갖는 공기역학적인 특성과 비행역학적인 성능에 관한 전문지식을 다루는 학문으로 공학 분야에서도 상당히 수준이 높은 지식이 요구됩니다. 공기역학의 원리를 기본적으로 알아야 하기 때문입니다. 또한 국가항공자격을 취득하는 데도 꼭 필요한 과목입니다. 사실 역학 내용을 보면 복잡한 수식이 많으므로 관련 공부를 하기 위해서는 수학이 꼭 필요해요.

특히, 대학 전공교과목을 이수하기 위해서 고등학교 때 수학과 과학 과목의 역량을 키울 필요가 있습니다. 수학의 경우 미적분Ⅱ, 심화수학Ⅰ,Ⅱ를 수강하는 것을 추천해요. 비행기의 항로를 계산할 때 사인·코사인의 법칙 같은 삼각함수가 적용되고, 항공기 제어장치 설계에는 미적분이 꼭 필요합니다.

그리고 공간적인 좌표를 분석하기 위해서는 기하 과목을 들을 것을 추천해요. 또한 비행기가 날기 위해서는 날개에 양력과 항력이 필요하다는 것을 알고 있을 거예요. 이때 비행기 날개의 각이 변화할 때마다 양력과 항력의 관계가 변화되는 Total reaction 즉, '실질적으로 발생하는 양력'을 구해야 해요. 발생하는 양력과 항력의 힘의 관계를 물리 수업과 관련해서 심화 학습하는 것을 추천합니다.

항공 및 무인항공기학과를 진학하기 위해서는 역학과 에너지, 행성우주과학, 고급물리학, 물리학 실험 과목도 선택해서 공부하면 좋습니다. 고등학교 때 배우는 파동 같은 것도 직관적 이해를 베이스로 수식으로 표현할 수 있어야 합니다. 이런 내용들을 미리 심화탐구활동을 한다면 대학 때 더 쉽게 공부할 수 있을 거예요. 물론 대학 때 또 다른 이론들이 나오지만 기존 물리이론을 응용한 것이 많기 때문에 관련 탐구활동을 하면 좋습니다.

이 외에도 국어 교과에서 주제탐구 독서를 선택해 보는 것도 좋습니다. 학생들이 관심 있는 주제나 진로에 관련된 내용을 직접 선택하여 책을 읽고 활동지를 작성하고, 발표하는 수업입니다. 항공이나 드론에 관련된 책을 읽고 자신의 진로에 맞는 활동을 할 수도 있어요.

독서는 모든 학생이 갖추어야 할 배경지식을 쉽게 쌓을 수 있는 좋은 방법입니다. 책 속에서 항공의 역사나 미래 우주여행 등 평소 궁금했던 내용이나 호기심을 가졌던 내용들도 탐구할 수 있는 기회가 될 수 있을 것입니다.

07

항공 관련
재미있는 탐구활동

① 스마트폰으로 원격 제어가 가능한 드론 탐구

현재 시중에서 판매되는 드론은 컨트롤러를 바탕으로 조종하는데 원거리에서 조절이 잘 안 되는 경우가 있어요. 이를 스마트폰으로 조종할 수 있는 방법에 관심을 가지고 탐구합니다. 이를 활용할 수 있는 방법으로 안드로이드 이클립스 툴로 구축, 스마트폰으로 작동할 수 있다는 것을 활용해 이를 탐구해 볼 수 있습니다.

→ 이클립스 오픈소스를 활용해 조절이 가능한지 탐구하기

기사명		관련 영역	
주제명			
읽게 된 동기			
탐구 내용			
느낀 점			
추후 심화 활동			
학생부 브랜딩			

☑ 러시아-우크라이나 전쟁에서 구세주 역할을 한 스타링크에 대해 알고 있나요?

전쟁을 하게 되면 통신망을 먼저 파괴합니다. 정보망의 부재로 적군을 우왕좌왕하게 만들기 위해서죠. 그런데 이번 러시아-우크라이나 전쟁에서는 우크라이나가 우주기업 스페이스X의 위성인터넷 '스타링크(Starlink)'를 이용해 온라인 통신이 어려운 지역임에도 감시 드론과 폭격용 무인 항공기 조종을 하며 러시아를 잘 방어를 할 수 있었습니다.

일론 머스크 CEO의 스페이스X는 소형 인공위성 기반으로 데이터 통신용 네트워크를 구축하는 스타링크 프로젝트를 추진 중입니다. 팰컨9과 팰컨 헤비 로켓의 1단 추진체를 회수해 재활용하는 방식으로 비용을 절감하고 로켓 준비기간을 단축해 2000기 정도의 위성을 바탕으로 우주 인터넷을 공급하고 있습니다. 궁극적으로 3만 개를 목표로 스타링크 위성을 순차적으로 발사하고 있습니다.

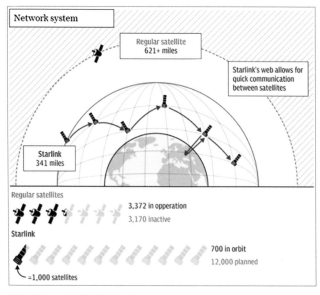

출처 : Telegraph(데일리포스트)

인터넷 통신 두절과 정전이 날로 악화되는 상황에서 우크라이나는 통신 일부를 스타링크(우크라이나에서만 5천 개 이상 운용)를 활용하여 전장 데이터베이스에 접속해 타킷 정보를 획득하여 정밀 타격하였어요.

스타링크는 고도 341마일(약 548km)에서 돌기 때문에 전쟁 상황에서 요구되는 신속한 통신이 가능하며, 인터넷 연결 범위를 벗어나면 가까운 위성에 신호를 넘겨주는 방식으로 접속을 유지합니다.

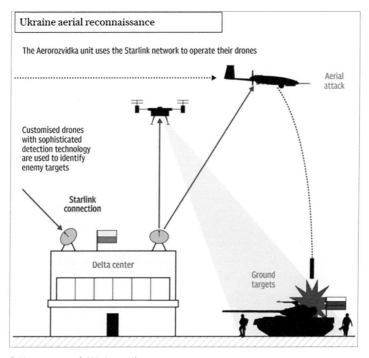

출처 : Telegraph(데일리포스트)

② 4개의 날개를 가진 드론이 많은 이유 탐구

프로펠러의 개수에 따라 드론은 바이콥터(2개), 트라이콥터(3개), 쿼드콥터(4개), 헥사콥터(6개), 옥토콥터(8개) 등으로 구분이 됩니다. 이 중에서도 날개를 짝수로 가진 주로 4개의 날개 드론이 많습니다. 왜 4개의 드론이 많은지, 어떻게 회전해 균형을 잘 유지하는지 탐구합니다.

→ 쿼드콥터의 장점과 날개 1개나 2개가 고장 날 경우, 안정적으로 운행하기 위해 프로그램을 어떻게 설계해야 할지 탐구하기

기사명		관련 영역	
주제명			
읽게 된 동기			
탐구 내용			
느낀 점			
추후 심화 활동			
학생부 브랜딩			

③ 군집 드론 동시 제어 탐구

재난 시, 엔터테인먼트 공연 등에 드론 협업을 할 경우 GCS(지상 관제소)에서 많은 수의 드론을 동시에 제어해야 하기 때문에 기존의 1:1로 연결하는 드론 제어방법으로는 한계가 있어요. 주파수 간섭을 일으키기 때문이죠. 따라서 많은 드론을 동시에 제어하기 위해 송신기 컨트롤러를 구현합니다.

통신 칩 2.4GHz ISM 대역 및 Cortex M4 기반 보드로 GCS를 설계하여 주파수 간섭 문제를 해결하기 위한 시간 및 주파수 공유 방법을 구현해 보는 방법을 탐구해 볼 수 있습니다.

→ **군집 드론 비행을 위한 방법 탐구하기**

기사명		관련 영역	
주제명			
읽게 된 동기			
탐구 내용			
느낀 점			
추후 심화 활동			
학생부 브랜딩			

하늘을 나는 배,
위그선

개인 맞춤형
해상관광시대

힐링과 웰빙 등 건강에 대한 사람들의 관심이 갈수록 높아지고 있습니다. 라이프 스타일의 변화로 인해 소규모, 자연친화적 관광에 대한 관심도 그 어느 때보다 높아지고 있어요. 세계관광기구(WTO)의 통계자료에 따르면, 관광객 수는 매년 4%씩 증가할 것으로 예측하고 있습니다. 특히 해양관광에 대한 관심과 수요가 폭발적으로 증가할 것으로 전망하고 있어요.

우리나라 서·남해안에는 2,000여 개의 아름다운 섬이 옹기종기 모여 있어 경관 자체가 환상적입니다. 신안군만 하더라도 1,000여 개의 섬들이 있어요. 세계 어디를 가더라도 이처럼 아름다운 섬들이 많이 모여 있지 않아요. 그런데 이동하는 데 시간이 너무 많이 걸리고 이동하는 모빌리티가 제한적이라는 단점이 있습니다.

지금은 코로나19 대유행으로 지친 많은 사람들이 여행에 대한 새로운 방향을 모색해 자연과 함께하는 에코 힐링 관광이 새로운 트렌드로 자리 잡아가고 있어요. 청정관광과 전염병을 방지하기 위한 '소규모 여행' 수요가 증가하고 있으며, 경관이 우수한 곳에서 휴양을 즐길 수 있는 자연친화적인 해양관광이 각광을 받고 있답니다.

여기에 **수면비행선박**(위그선)이 개발된다면 섬을 이동하는 데 불편한 단점을 줄이고 편리하게 해양관광시대를 열게 될 것입니다.

　수면비행선박은 해면과 가깝게 비행하면서 여객 및 화물수송이 가능한 복합운항 형태로 이동이 가능해요. 또한 위그선 개발은 조선 산업의 미래 먹거리로 새로운 수익 모델이 될 수 있답니다.

　우리나라는 미국·러시아·독일 등 경쟁국보다 먼저 위그선 상용화에 성공했으며, 국내 위그선 기술은 세계 최고 수준입니다. 그동안은 해수면 5m 이상을 날 수 없었는데, 한국형 위그선은 고도 제한 없이 날 수 있다는 장점이 있습니다.

출처 : 아론비행선박

바다의 눈, 감시군사선의 특징

1976년 미국의 첩보위성은 카스피해에서 물 위에 낮게 뜬 채로 시속 500km로 달리는 괴물체를 발견해 경악했습니다. 이는 군용비행선박으로 해수면 가까이 떠서 비행하기에 물의 저항을 받지 않아 비행기처럼 빠르게 이동할 수 있고, 항공기보다 연료비가 적게 드는 장점이 있어요.

수면 위에서 낮게 비행이 가능하기에 적 레이더에 걸리지 않고 비행할 수 있는 장점이 있으며, 물 위에 떠 있을 수 있기에 바닷 속 잠수함을 감시할 수 있는 장점도 있어요. 날개에는 로켓을 설치해 고속정과 적 잠수함을 공격할 수 있습니다.

출처 : 아론비행선박

또한 무인으로 조종할 수 있는 위그선을 개발할 수 있기에 군사용으로 활용하기에도 좋아요.

☑️ 스텔스 효과를 얻을 수 있는 방법이 있나요?

스텔스기(Stealth aircraft)는 레이더에 포착되지 않도록 설계된 비행체입니다. 스텔스기는 비행체를 도색할 때 도료에 레이더 전파를 흡수할 수 있는 자성 산화물 계열의 화공약품을 섞어 도색해 적의 레이더에 탐지되지 않도록 합니다. 전파흡수 기능을 갖춘 도료(RAM 페인트)는 KF-21(보라매)에 적용했습니다. 전파흡수물질이 처음으로 무기에 직접 사용한 것은 독일로 제2차 세계대전 중 잠수함의 스노켈과 잠망경에 적용하였습니다. 네덜란드산은 흑연과 이산화티타늄등을 섞어 만든 것이며, 독일산은 철카르보닐(철+일산화탄소 화합물)로 된 가루를 첨가한 것으로 보통 7~8mm정도 두께로 제작하였어요. 미국에서는 알루미늄 조각들과 흑연을 고무에 첨가한 형태로 제작되었어요.

☑️ 스텔스기를 확인할 수 있는 기술도 있나요?

스텔스기는 빔을 반사하는 대신 흡수하는데 물체에 흡수된 에너지가 열로 변환되어 온도가 올라갑니다. 빔을 쏘아 발생시킨 온도변화에 따라 복사량이 크게 달라지는데, 이를 이용하여 온도 상승을 포착할 수 있는 복사광선을 감지하고 확인할 수 있는 기술을 개발했어요.

이 기술은 자율주행 자동차 레이더, 스텔스 물체의 중거리·장거리 감지 등의 분야에도 활용이 가능합니다. 나노미터에서부터 비행기와 같은 큰 물체에 이르기까지 다양한 크기의 물체와 다양한 상황에서도 선명도를 높일 수 있어요.

3D프린팅 기술로 제작되는
모빌리티

설계 자유도 향상과 경량화, 제작시간 단축 및 원가절감을 위한 방안으로 3D 프린팅 기술을 활용해 맞춤형 제작 기술을 확보하였습니다. 또한 엔진과 관련된 부품도 금속 3D프린팅 기술을 적용해 제작하는 기술까지 확보해 제작하고 있답니다.

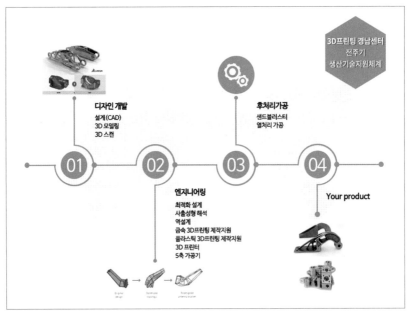

출처 : 3D프린팅 경남센터

한국생산기술연구원(이하 생기원)은 금속 3D프린팅 분야에 최신 용접기술을 접목해 중대형 부품 또는 **다이캐스팅**(Die-casting) 금형을 보다 신속하고 저렴하게 제조할 수 있는 기술을 개발했습니다. 기존 **PBF**(Powder Bed Fusion) 방식의 3D프린팅 기술은 고출력 레이저 장비와 값비싼 분말 재료로 오랜 시간 한 층씩 적층해야 하기 때문에 금형이 커질수록 제조단가는 높아지고 생산성은 떨어진다는 단점이 있어요.

또한 대형 금속 3D프린터 1대당 가격이 약 10억 원 이상의 고가여서 중소기업들이 이를 도입해 운용하기에는 재정적으로 부담이 많았습니다. 이러한 단점들을 극복하고자 **푸시풀**(Push-Pull) 방식의 최신 용접기법으로 금속 와이어를 빠르게 적층하는 '와이어 아크(Wire+Arc) 3D 적층 제조방식'으로 최적화했습니다.

다이캐스팅(Die-casting) : 금형에 소재가 되는 금속을 녹여서 높은 압력으로 강제로 밀어 넣는 정밀주조법이다.

PBF(Powder Bed Fusion) : 파우더 분말을 평평히 깔고 레이저를 선택적으로 쏘아 소결시키거나 녹여 적층하는 방식이다.

푸시풀 : 쌍방의 성질이 반대인 한 쌍을 이야기한다.

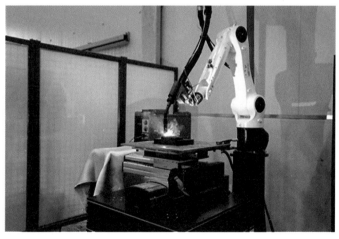

출처 : 용접토치가 달린 로봇팔이 금속 와이어를 이용해 금형 틀을 적층(KITECH)

이 방식은 **DED**(Directed Energy Deposition)와 유사하지만, 열원(熱源)을 레이저 대신 고온의 전기불꽃 '아크(Arc)'를 사용하고 금속 분말이 아닌 '와이어'를 녹여 적층하는 기술이 차별점입니다.

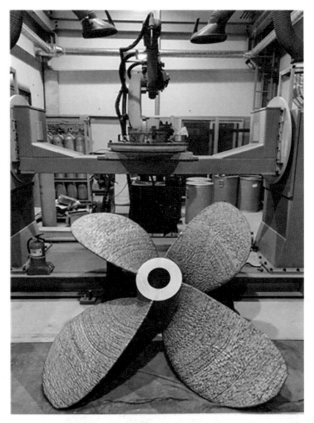

출처 : 와이어 아크 3D적층 시스템으로 제작한 2m 크기의 대형 선박 프로펠러(KITECH)

04

스마트팩토리학(메카트로닉스) 계약학과

구분	학교명
고등학교	대구 서부공업고 스마트팩토리과(대구 서구)
	경기기계공고 스마트팩토리과(서울 노원구)
	인덕과학기술고 자동화기계과(서울 노원구)
	성동공고 스마트팩토리과(서울 중구)
	한양공고 자동화기계과(서울 중구)
	금호공고 스마트팩토리과(경북 영천시)
	대구전자공고 스마트팩토리과(대구 달서구)
	대구과학기술고 스마트팩토리과(대구 서구)
	동일미래과학고 스마트팩토리과(광주
	경남항공고 (경남 고성군)
	서부산공고 스마트팩토리과(부산 사상구)
전문대학	대림대 스마트팩토리학부(경기 안양시)
	동주대 스마트팩토리과(부산 사하구)
	경남정보대 스마트팩토리시스템과(부산 사상구)
	우송정보대 스마트팩토리기술과(대전 동구)
	경기과학기술대 스마트자동화과(경기 시흥시)
	동양미래대 자동화공학과(서울 구로구)
	부천대 자동화로봇과(경기 부천시)
	울산과학대 기계공학부(울산 동구)

대학교	순천향대 스마트팩토리공학과(충남 천안시)
	한국산업기술대 스마트팩토리융합학과(경기 시흥시)
	경상대 스마트자동화시스템전공(경남 진주시)
	가천대 스마트팩토리선공(성남시 수정구)
	성균관대 스마트팩토리융합학과(석사과정)
	고려대 배터리스마트팩토리학과(석사과정)

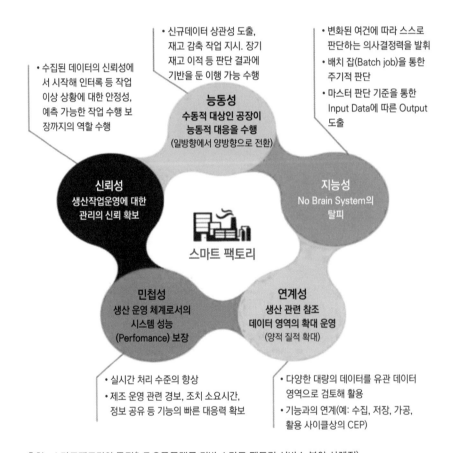

• 신규데이터 상관성 도출, 재고 감축 작업 지시. 장기 재고 이적 등 판단 결과에 기반을 둔 이행 가능 수행

• 변화된 여건에 따라 스스로 판단하는 의사결정력을 발휘
• 배치 잡(Batch job)을 통한 주기적 판단
• 마스터 판단 기준을 통한 Input Data에 따른 Output 도출

• 수집된 데이터의 신뢰성에서 시작해 인터록 등 작업 이상 상황에 대한 안정성, 예측 가능한 작업 수행 보장까지의 역할 수행

능동성
수동적 대상인 공장이 능동적 대응을 수행
(일방향에서 양방향으로 전환)

신뢰성
생산작업운영에 대한 관리의 신뢰 확보

스마트 팩토리

지능성
No Brain System의 탈피

민첩성
생산 운영 체계로서의 시스템 성능 (Perfomance) 보장

연계성
생산 관련 참조 데이터 영역의 확대 운영 (양적 질적 확대)

• 실시간 처리 수준의 향상
• 제조 운영 관련 경보, 조치 소요시간, 정보 공유 등 기능의 빠른 대응력 확보

• 다양한 대량의 데이터를 유관 데이터 영역으로 검토해 활용
• 기능과의 연계(예: 수집, 저장, 가공, 활용 사이클상의 CEP)

출처 : 스마트팩토리의 특징(IoT 오픈플랫폼 기반 스마트 팩토리 서비스 분야 사례집)

시스템 기반 공정 제어, 제조 데이터 인력 등 디지털 기반 **스마트팩토리** 전문인력 양성을 위해 폴리텍 대학과 카이스트가 손을 잡을 정도로 스마트팩토리 인재가 부족한 실정입니다. 따라서 생산설비·스마트공정이 구축된 폴리텍 러닝팩토리를 활용해 스마트팩토리 전문 인력을 양성하고 있어요.

> **스마트팩토리** : 제품을 조립, 포장하고 기계를 점검하는 전과정이 자동으로 이뤄지는 공장이다. 모든 설비와 장치가 무선통신으로 연결되어 있기 때문에 실시간으로 전 공정을 모니터링하고 분석할 수 있다. 사물인터넷(IoT) 센서와 카메라를 부착시켜 데이터를 수집하고 플랫폼에 저장해 분석한 데이터를 기반으로 어디서 불량품이 발생하였는지, 이상 징후가 보이는 설비는 어떤 것인지 등을 인공지능(AI)이 파악해 전체적인 공정을 제어하게 된다.

러닝팩토리는 제품설계부터 시제품 제작까지 제품 생산 전 공정에 대한 통합 실습이 가능하도록 설비를 갖춘 교육훈련시설입니다. 폴리텍은 정부 스마트 선도산단 지정과 연계해 스마트공장 특화캠퍼스를 운영하고 있는데 인천, 창원, 남인천, 구미, 대구, 광주 등 6개 지역 캠퍼스를 운영하고 있답니다.

4차 산업혁명에 발맞춰 직업계고의 학과를 미래 신산업 및 유망산업 분야로 개편하고 있어요. 전국 101개 직업계고의 153개 학과가 개편되고 있으니 관련 정보를 지속적으로 확인하는 것이 중요합니다. 한양공고 자동화기계과가 '스마트융합기계과'로, 부천공고 자동차과가 '인공지능자동차과'로 바뀌는 등 인공지능(AI)과 스마트팩토리, 사물인터넷(IoT)과 같은 분야로 재편되고 있으며, 이를 융합적으로 배울 수 있어요.

05

스마트팩토리학과 계약학과

① 경기과학기술대 스마트자동화과

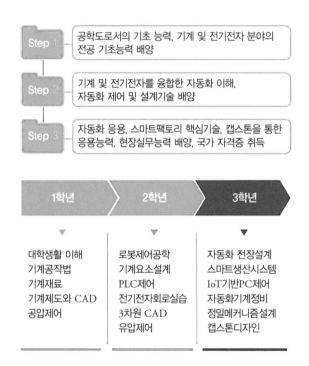

Step 1		공학도로서의 기초 능력, 기계 및 전기전자 분야의 전공 기초능력 배양
Step 2		기계 및 전기전자를 융합한 자동화 이해, 자동화 제어 및 설계기술 배양
Step 3		자동화 응용, 스마트팩토리 핵심기술, 캡스톤을 통한 응용능력, 현장실무능력 배양, 국가 자격증 취득

1학년	2학년	3학년
대학생활 이해	로봇제어공학	자동화 전장설계
기계공작법	기계요소설계	스마트생산시스템
기계재료	PLC제어	IoT기반PC제어
기계제도와 CAD	전기전자회로실습	자동화기계정비
공압제어	3차원 CAD	정밀메커니즘설계
	유압제어	캡스톤디자인

경기과학기술대 스마트자동화과는 스마트팩토리 공장 설계에서 장비 제어까지 포괄적으로 배울 수 있으며, 현장 실무능력까지 배양할 수 있는 이점이 있어요. 또한 세계적인 기업 지멘스사 및 보쉬 렉스로스사와 협력해 국내 최고의 교

육시설을 갖추고 로봇 및 기계자동화, PLC제어, CAD 등 교육을 통해 차세대 기계 융합 엔지니어를 양성하고 있습니다.

국내 이공계 대학 최초로 기업 인턴제를 도입해 학생들의 실무기술 습득 및 현장 적응력을 배양하고 있는데요. 해외 대학과 학생기술연수나 학점인정 등을 통한 교류 협력으로 국제적 현장 감각과 전문성을 겸비한 인재를 양성하고 있어요.

이 밖에도 첨단 기술교육센터 유치를 통해 선진기술교육 서비스를 제공하고, 평생교육원에서는 학교 인근 주민들에게도 교육 기회를 제공해 지역사회에 참여하고 공헌하는 대학입니다.

경기과학기술대는 경기 꿈의 대학에서 대학 방문형과 고교 거점형 수업을 진행해 스마트팩토리에 대한 실제적인 교육을 지원해주고 있어요. 미리 경험해 볼 수 있는 프로그램들을 신청해 경험해 보면 진로를 결정하는 데 많은 도움이 될 것입니다.

② 대림대 자동화시스템전공

구분	자동화시스템전공	메카트로닉스전공
1학년	디지털공학 전기전자기초 자동화시스템기초실습 CAD실습 컴퓨터 디지털회로설계 전기전자CAD 시스템프로그래밍1 자동화CAD실습 전기전자회로실습	CAD실습 디지털공학 전기전자기초 기초물리 컴퓨터전산기구학 전기전자회로실습 공학도면해석 시스템프로그래밍1 디지털회로설계

2학년	시퀀스제어 전력전자공학 마이크로프로세서기초 시스템프로그래밍2 3D-CAD기초 논리회로설계 전기공학제어 및 기술사업화 센서 및 계측공학 모터제어응용 3D-CAD설계 마이크로프로세서응용	공업수학 유공압제어 재료역학과 문제해결 제어공학 시퀀스제어 시스템프로그래밍응용 기계요소설계 전자회로 선세 및 계측 PLC기초 마이크로콘트롤러실습 3차원CAD
3학년	창의적공학설계 시스템프로젝트 신호 및 시스템 PLC제어설계 자동화시스템제어 발명과 특허1,2 데이터통신 응용제어시스템설계 물류자동화설계 산업용통신제어시스템 자동화시스템 설계분석 현장실습	전자회로응용실험 물류자동화응용 마이크로콘트롤러응용 3차원CAD종합설계 윈도우즈프로그래밍 CAM/CAE응용 반도체장비개론 현장실습

대림대는 최근 기존의 대량생산시스템의 공장자동화에 초점을 맞췄던 20여 년 전공을 가진 메카트로닉스·자동화시스템과를 스마트팩토리학부로 개편해 이 시대가 원하는 인재들을 양성하고 있습니다.

자동화시스템의 기반이 되는 마이크로프로세서, 제어공학, 공압제어, 모터제어, 센서 및 계측공학, 로봇, PLC, 자동화시스템 설계 등의 기술을 익히고, 현장 중심의 실무능력을 겸비한 자동화시스템 분야 전문인력을 양성하는 데 목표를 두고 있어요.

산업자동화 전 분야인 스마트 Factory, 로봇, IoT(사물인터넷) 공장 등 폭넓게 진출할 수 있는 장점이 있는 학과입니다. 특히, 3학년 때 발명과 특허 과목을 통해 발명의 원리와 특허 출현에 대한 깊이 있는 지식과 실무능력을 익힐 수 있어요. 졸업 작품 제작을 통한 1인 1특허 전자출원 교육, 10년 이상의 풍부한 실무 경험 및 연구 경력을 가진 우수한 교수진의 산학맞춤형 교육 등을 다른 대학과의 차이점으로 꼽을 수 있습니다.

대학의 위치가 경기 남부권인 지역적 특성상, 취업은 인근 업체에 유리합니다. 대기업뿐만 아니라 중소기업에서도 IoT, 스마트팩토리에 관심이 높은 만큼 70~80 % 이상의 취업률을 보이고 있어요. 이는 대학에 들어가서 교육과정만 성실히 이수해도 좋은 기업에 취업할 수 있다는 뜻입니다.

특히 마이스터대 과정을 보면 모션 시스템, 로봇 시스템, 자동화 시스템 분야를 강화하고 있어 전문성을 한층 높일 수 있답니다. 그리고 다양한 국책사업들도 학생들과 같이 진행할 수 있기 때문에 많은 실무 경험도 쌓을 수 있습니다.

③ 경상국립대 스마트자동화공학과

1학년	2학년
공학수학 CAD 정역학	열역학 재료역학1,2 컴퓨터프로그램 공학수치해석 유체역학 동역학 스마트가공공학 3D프린팅의 이해 및 설계 전기전자회로

3학년	4학년
제어공학 기계진동학 메카트로닉스 빅데이터분석 스마트배터리공학 CAM CFD해석 스마트설계 스마트기계진단 열전달 유체기계 디지털제어시스템 나노공학 현장실습	캡스톤디자인 딥러닝 및 머신러닝 스마트에너지공학 로봇공학 종합설계 현장실습 국외 현장실습

☑ 스마트자동화공학과에서 스마트공장 지식만 쌓나요?

스마트자동화를 위해서는 디지털제어, 기계자동화, 에너지공학 등 종합적인 기술 능력을 갖추어야 그 임무를 수행할 수 있어요.

따라서 에너지기계공학과에서 명칭을 스마트자동화공학으로 변경하고 스마트기계, 배터리공학, 3D프린팅 등 폭넓은 지식을 배울 수 있도록 교육과정을 편성했습니다.

이처럼 다양한 기술을 배우고자 하는 학생들에게 매우 좋은 학과가 될 수 있습니다. 여기에 국내뿐만 아니라 국외 현장실습의 기회까지 제공하는 학과이기에 적극적으로 배우려는 학생에게는 최고의 학과가 될 것입니다.

다음 내용을 보면 본과에서 어떤 내용을 배우는지 자세히 알 수 있습니다.

- **Smart Factory의 생산로봇이나 자동화 장비설계 및 제조를 위한 기계 교육**

  공학수학, 공학물리, 정역학, 동역학, 기계공작법, 재료역학, 유체역학, 로봇공학, 자동제어, 유체기계, CFD해석 수업

- **제품설계 도구인 CAD/CAM등을 포함하는 PLM 솔루션 교육**

  CAD기초, CAD심화, CAM, CAE 수업

- **시제품 생산을 빠르게 지원할 수 있는 3D 프린터 교육**

  재료공학, 소재설계 및 제어, 3D프린팅의 이해 및 설계, 3D프린팅 활용 수업

- **사물인터넷(IoT)센서 등 IT와의 융합을 위한 전기, 전자 교육**

  전기·전자기초, 전기회로, 전자회로, 사물인터넷, 디지털시스템, 센스 및 액츄에이터 수업

- **머신러닝(Machine Learning), 딥러닝(Deep Learning) 등의 인공지능(AI) 기술을 활용한 산업설비의 상태감시 및 예측진단 교육**

  인공지능과 기계, 기계학습, 데이터마이닝, 딥러닝 및 머신러닝시스템, 스마트기계진단 수업

④ 한국공학대(한국산업기술대) 스마트팩토리융합학과

한국공학대(한국산업기술대) 스마트팩토리융합학과는 스마트팩토리에 관해 소프트웨어에서 하드웨어까지 폭넓게 공부할 수 있으며, 산학연계 프로젝트를 진행하면서 관련 능력을 배양할 수 있는 장점이 있습니다. 또한 스마트공장에서 현장실습을 통해 실무적인 능력까지 배양할 수 있는 학과로 취업률이 높은 편입니다.

한국공학대(한국산업기술대)에서 운영하고 있는 융합전공의 경우에는 2개 이상의 학과·전공을 연계해 별도의 융합 교육과정을 제공하는 것이 다른 학교와 차별화된 점입니다. 융합전공을 이수하면 자기 전공을 포함해 다른 전공 분야에 대한 지식 및 역량을 키워 스마트공장뿐만 아니라 로봇, 프로그래머 등에서도 활동할 수 있습니다.

기초공통
- 스마트공장 개론
- 스마트공장 세미나
- 스마트공장 IIoT 시스템 및 실습
- 스마트공장ICT융합
- 생산시스템 및 실습

전공기초
SW솔루션 및 운영설계
- 산업응용 확률 및 통계
- 스마트공장 인공지능 및 머신러닝 기법
- 산업용 3D CAD 실습
- 산업용 네트워크

HW 솔루션
- 사이버물리시스템 기초
- 스마트공장 생산제조 공학

전공심화
SW솔루션 및 운영설계
- 3차원 적층가공 특론
- 사이버물리시스템의 도메인 모델링 기술 실습
- 산업용 빅데이터 실무
- 사이버물리시스템 기반의 고신뢰 자율제어SW
- 산업용 패턴인식 및 실습
- 실시간 공정관리 시스템 설계 및 운영
- 지능형 품질/설비 관리 시스템

HW 솔루션
- 스마트공장 센서 네트워크 융합
- 산업용 영상처리

산업체 연계 교육
- 산학연계 프로젝트1
- 산학연계 프로젝트2
- 스마트공장 하드웨어 융합 기술 및 실습
- 스마트공장 컴퓨터시스템 융합 및 실습
- 스마트공장 현장실습1
- 스마트공장 현장실습2

최근 기업은 융합적 인재를 원하고 있으며, 학과보다 관련 실무능력과 경험을 높게 평가합니다. 대학에서 다양한 체험학습을 통해 학생들이 선택한 분야에 대한 자신감과 경험을 바탕으로 원하는 기업에 취업뿐만 아니라, 창업할 수 있는 기회도 얻을 수 있습니다. 혹 본인이 선택한 전공이 잘 맞지 않더라도 다른 학과 공부를 통해 새로운 기회를 얻을 수 있는 장점이 있습니다.

06

스마트팩토리학과를 위한
과목 선택

    2022 개정교육과정에서는 융합선택과목과 진로선택과목으로 세분화되어 자신이 전공하고자 하는 분야에 대해 깊이 배울 수 있도록 선택과목의 폭을 넓혔습니다.

교과	선택과목		
	일반선택	융합선택	진로선택
국어	화법과 언어 독서와 작문 문학	독서 토론과 글쓰기 매체 의사소통	주제탐구 독서 문학과 영상
수학	대수 미적분I 확률과 통계	실용통계 수학과제 탐구	미적분II 기하 인공지능 수학 심화수학I, II 고급수학I, II
영어	영어I 영어II 영어독해와 작문	실생활 영어회화 미디어 영어	영어 발표와 토론 심화영어 심화영어 독해와 작문
사회	사회와 문화 현대사회와 윤리	역사로 탐구하는 현대세계 사회문제 탐구 윤리문제 탐구	도시의 미래 탐구 법과 사회 윤리와 사상 인문학과 윤리

			역학과 에너지
과학	물리학 화학	과학의 역사와 문화 기후변화와 환경생태 융합과학 탐구 물리학실험	전자기와 빛 물질과 에너지 화학반응의 세계 과학과제 연구 고급물리학
교양	논리학 진로와 직업 논술 정보	프로그래밍	지식재산 일반 정보과학

☑ 스마트팩토리학과를 희망하는 경우 고등학교 때 어떤 과목을 꼭 들으면 좋을까요?

스마트팩토리학과의 경우에는 CAD기초 및 실무, 프로그래밍기초(C언어), 스마트팩토리기술, 스마트팩토리실습, 로봇공학, PLC기초실습, 자동화기초, 센서제어실습, IoT통신개론과 같이 데이터관리 및 정보시스템을 운영하기 위한 다양한 교과목을 배웁니다.

위의 표 중에서 가장 눈에 띄는 과목은 인공지능 수학입니다. 고등학교 때 배우는 인공지능 수학은 텍스트 자료와 이미지 자료를 표현하고 처리하는 과정과 분류하는 과정을 배웁니다. 또한 배운 내용을 바탕으로 코딩과정에서 창의 융합적인 역량을 기르게 됩니다.

공정에서 통계적 품질, 수율 분석을 위해 기초 자료를 수집하여 오차를 확인하고 세밀한 계측이 필요합니다. 실시간으로 빅데이터를 처리(매일 수백 GB 이상)하고, 로그, 이미지, 수치형 등 다양한 유형의 데이터가 혼재되어 있으며, 수천 인자들 간 정합성 문제 등 분석 능력이 필요해요. 또한 분석 결과가 나왔더라도 통계적 상관성(수치적 상관성)을 밝혀내고 물리적 인과관계(원인-결과)까지 증명해야 하기 때문에 논리적인 능력을 갖추는 것도 좋아요.

그러면 당연히 통계학도 공부해야겠지요. 실용통계나 수학과제탐구 과목을 활용하는 것도 좋을 것 같아요. 실용통계 과목에서는 우리가 알다시피 많은 데이터를 필요한 부분만 수집하고 분석한 뒤, 결과를 도출하는 모든 과정을 학습할 수 있습니다. 또 실용통계를 배우게 되면 직접 자료를 수집하고 분석할 수 있는 공학도구가 필요한데 이때는 통계청에서 만든 '통그라미' 프로그램을 활용할 수 있습니다.

학생들이 통계에 기반해 합리적인 의사결정을 할 수 있도록 설문지 만들기와 자료수집, 통계 분석, 보고서 작성 등을 단계적으로 직접 프로그램을 사용하여 프로젝트를 진행할 수 있습니다. 단순한 설문에서 그치는 것이 아니라, 더욱 자세한 통계조사와 체계적인 프로그램을 사용한다면 대학에서는 더 좋은 평가를 받을 수 있습니다.

출처 : 통계청

07

스마트팩토리 관련
재미있는 탐구활동

① 초저지연 데이터 처리 기술 탐구

스마트팩토리를 도입한 기업들은 평균 30% 이상 생산성이 향상되었으며, 제품 불량률은 43.5% 줄었고, 원가는 16% 정도 절감되었습니다. 여기에 클라우드에서 데이터를 처리해 보안성과 안정성까지 확보하기 위한 움직임이 불기 시작했습니다. 그러기 위해서는 초저지연 데이터 처리 기술이 필요한데, 어떻게 하는 것이 초저지연이 가능한지 자세히 탐구해 볼 수 있습니다.

→ **클라우드 데이터를 활용할 수 있는 통신 기반 데이터 처리가 가능한지 탐구하기**

기사명		관련 영역	
주제명			
읽게 된 동기			
탐구 내용			
느낀 점			
추후 심화 활동			
학생부 브랜딩			

② 저렴한 카트로봇 탐구

코로나바이러스 여파로 사람 대신 물건을 운반해주는 '자율주행 카트'의 인기가 치솟고 있습니다. 사람이 직접 운반할 때보다 시간이나 이동 거리 등이 줄어들면서 실효성이 높게 나타나고 있습니다. 기술이나 환경적인 측면에서도 긍정적이죠. 우선 자율주행 카트의 경우, 위험한 도로 위가 아닌 주로 실내 특정 공간에서 무인으로 이동하기 때문에 현재의 기술로도 안정성 확보가 용이해요. 주행 공간이 달라지더라도 공간별 특성에 맞게 세부 작동 환경을 변경하면 다양하게 활용이 가능하다는 장점이 있습니다. 하지만 라이다센서, 초음파센서, 카메라 센서 등 적용된 기술이 너무 많아 이를 보다 저렴하게 구현할 수 있는 기술을 탐구할 수 있습니다.

→ **저렴하면서 인식률이 높은 카트로봇이 가능한지 탐구하기**

기사명		관련 영역	
주제명			
읽게 된 동기			
탐구 내용			
느낀 점			
추후 심화 활동			
학생부 브랜딩			

③ 키오스크 사용 편리성을 높일 수 있는 방법 탐구

> **키오스크** : 공공장소에서 무인·자동화를 통해 주변 정보 안내나 버스 시간 안내 등 일반 대중들이 쉽게 이용할 수 있는 무인 정보단말기를 지칭하기도 하는데, 그 단말기를 활용한 마케팅이다.

'2018 디지털정보격차 실태조사'에 따르면 '정보취약계층'의 디지털정보화 수준이 일반 국민의 68.9%인 것으로 나타났습니다. 정보 취약계층에는 장애인, 장노년층, 농어민, 저소득층이 포함되며, 디지털정보화 수준은 컴퓨터·모바일 스마트기기 보유 여부, 인터넷 접근 가능 정도, 기본적인 컴퓨터·모바일 스마트기기·인터넷 이용 능력, 컴퓨터·모바일 스마트기기·인터넷 양적·질적 활용 정도를 기준으로 종합적으로 측정되었습니다. 특히, 장애인 인구도 예외는 아니에요. 법률적으로 장애인 접근성을 보장하기 위해 공공기관이 키오스크를 설치했지만 기기의 비율은 지극히 낮습니다.

→ 더욱 편리하게 사용할 수 있는 키오스크 탐구하기

기사명		관련 영역	
주제명			
읽게 된 동기			
탐구 내용			
느낀 점			
추후 심화 활동			
학생부 브랜딩			

꿈의 철도,
하이퍼루프

대륙 간 여행,
초고속철도의 시대

하이퍼루프(Hyperloop)는 2013년 발표된 초고속 운송 기술로서 진공에 가깝게 기압을 낮춰 튜브 내부에서 음속에 가까운 속도로 이동하는 운송 시스템입니다. 운송체는 압축기를 장착함으로써 단순한 구조의 튜브 내에서 추진과 부상을 구현할 수 있으며, 운행 속도를 음속에 가깝게 높일 수 있습니다.

하이퍼루프는 짧은 시간에 세계적인 관심을 이끄는 데 성공하였으며, 무엇보다 비행선박, 개인용비행기, 항공에 이은 새로운 교통수단으로 주목받고 있어요. 특히, 일론 머스크는 자신의 아이디어를 오픈소스로 공개해 누구나 하이퍼루프의 개발에 참여할 수 있도록 하여 다양한 기업과 대중들의 관심을 받았습니다.

사람들은 교통수단이 안전하면서도 빠르고, 저렴한 경비로 편리함까지 갖추길 기대하고 있고, 그 대안이 하이퍼루프가 될 것입니다. 하이퍼루프는 고속철도에 비해 더 안전하며 더 빠르고, 더 저렴하면서 더 편리하게 이용할 수 있어요. 또한 기상조건의 영향을 받지 않으며, 튜브 속에서 운행이 되기에 운행에 지장을 주는 것이 없어 안전하게 이용할 수 있답니다.

튜브에 태양광 패널을 설치해 지속 가능한 자가발전이 가능하므로 환경도 지킬 수 있는 장점이 있어요. 지금은 강한 지진에도 견딜 수 있는 높은 내진성을 가진 초고속 열차를 개발하고 있어요.

이런 초고속의 교통시스템을 구현하기 위해서는 상대적으로 매우 강력한 팬을 이용해서 튜브 내부에 공기를 불어 넣어주어야 운행이 가능해요. 이때 튜브 내의 모든 공기는 운송체의 속도로 이동하게 되며, 이는 흡사 튜브 내의 거대한 공기 기둥이 음속에 가까운 속도로 이동하며 튜브와 마찰을 일으키는 것과 같아 막대한 에너지가 소모되므로 현실적으로 불가능한 시스템입니다.

따라서 튜브 내에서 초고속 운행을 실현하는 방법으로 튜브 내의 공기를 제거해 매우 낮은 기압을 유지할 수 있는 기술과 낮은 기압을 지속적으로 유지할 수 있도록 기밀을 유지하는 매우 중요한 기술이 필요해요. 또한 튜브 내 아진공 상태가 유지될 수 있도록 성능이 우수한 펌프의 개발도 필요합니다.

> **기밀(gas tight, 氣密)** : 용기에 넣은 기체나 액체가 누출되지 않도록 밀폐하는 것을 말한다.

> **아진공** : 진공상태에 가까운 0.001 기압 수준을 말한다.

하이퍼루프는 2030년까지 28인승 상업 운행을 목표로 개발하고 있어요. 하이퍼루프 시스템이 성공적으로 출시되면, 자동차로 6시간이 걸리던 미국 로스앤젤레스에서 샌프란시스코 사이의 여행은 불과 30분밖에 걸리지 않게 됩니다. 그러면 대륙간여행도 철도를 이용하여 보다 편리하게 할 수 있습니다. 특히 알래스카와 러시아의 베링해협을 해저터널로 연결하여 대륙간 철도여행을 가능하게 할 것입니다.

자기부상
진공열차의 기술

하이퍼루프원은 새로운 자기부상 기술, 마찰과 공기 저항을 줄일 수 있는 가압기 기술, 공기베어링(Air bearings) 기술 등이 필요합니다. 튜브 제작비는 전체 시공비의 약 15%를 차지하며, 튜브 제작 소재로는 철(steel)을 바탕으로 한 기계적 물성의 우수성 소재가 필요해요.

이름	용도	형태
BLADE RUNNER	기압을 1/1000까지 낮추는 과정에서 압축기 블레이드 및 공기 역학을 실험하기 위한 장치	
LEVITATION RIG	18 ㎥의 크기로 기압을 1/1000 이하로 낮추는 실험에 활용됨. 로터는 300 m/초 이상의 속도를 만들어 냄. 하이퍼루프의 부상 시스템 시뮬레이션에 활용	
THE BIG TUBE	탄소강으로 제작되었으며 무게 약 70,000 파운드, 길이 50 피트, 직경 12 피트. Big Tube는 튜브 디자인, 진공 설계, 용접 설계, 제조 자동화 등 관련 유효성 검사에 활용됨	

출처 : 하이퍼루프원(https://hyperloop-one.com/hardware)

㉠ 튜브 내 진공 유지 기술과 전자기 모터를 이용해 포드를 부양시키는 기술
㉡ 가압기를 이용해 공기를 뒤쪽으로 보내 추진력을 키우는 기술
㉢ 가압된 공기를 공기 베어링을 이용해 마찰을 더욱 줄이는 기술
㉣ 태양에너지를 이용해 운영효율을 극대화하는 기술과 내진 기술

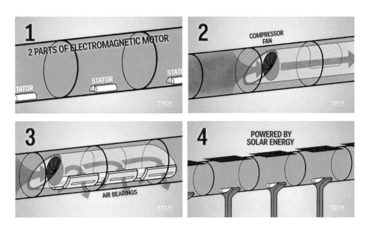

출처 : Science of Hyperloop(https://youtu.be/6Ea8ly18uzs)

2013년 발표된 '하이퍼루프 알파'(Hyperloop Alpha)에 의하면, LA와 샌프란시스코를 연결하는 튜브는 총비용 60억 달러 중에서 포드 제작비는 약 1%이고, 나머지 제작비는 모두 튜브 설치 비용으로 사용하는 성능이 우수한 튜브를 개발해야 합니다. 튜브를 연결하고, 교각을 세우고, 터널을 시공하는 데에는 약 44억 달러(약 74%)가 소요될 정도로 많은 비용이 소요되므로 기능성이 우수하면서도 저렴한 튜브 소재의 개발이 더욱 중요해지고 있습니다.

철강은 다른 소재에 비해 하이퍼루프 내부압력을 최대한 진공상태로 오랫동안 유지하는 기밀성과 튜브 연결부위의 정밀한 가공성 등이 뛰어나 가장 적합

한 소재로 평가받고 있습니다. 이를 위해 지름 약 3.5m의 거대한 강철 튜브를 만들기 위해 포스코와 타타스틸이 협력하여 미래 친환경 교통수단으로 주목받고 있는 하이퍼루프를 개발하고 있어요.

포스코는 낮은 압력의 튜브 안에서 시속 약 1000km로 운행이 가능한 하이퍼루프 전용강재와 구조 솔루션(구조물의 최적 구조형식 및 제작방법)을 개발하고 있어 조만간 실현이 가능할 것입니다. 하이퍼루프로 이동하게 되면 에너지 소비량을 항공기의 8%, 고속철도의 30% 수준이 되며, 이산화탄소와 소음이 발생하지 않아 차세대 친환경 교통수단으로 각광받게 됩니다.

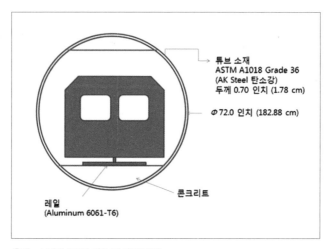

튜브 소재
ASTM A1018 Grade 36
(AK Steel 탄소강)
두께 0.70 인치 (1.78 cm)

Φ 72.0 인치 (182.88 cm)

콘크리트

레일
(Aluminum 6061-T6)

출처 : 스페이스X의 테스트 트랙 규격

03

신소재 합금 기술로 인한
모빌리티 패러다임의 변화

① 무게가 가벼운 저비중강

철은 강도가 뛰어나고 값이 싸기 때문에 산업 전반에 널리 쓰입니다. 다만 밀도가 커서 부피 대비 무게가 많이 나가기 때문에 상대적으로 가벼운 알루미늄을 섞어 합금을 만들어 사용하고 있어요. 하지만 이 과정에서 만들어진 화합물이 합금 내부에 듬성듬성 생기면서 강도가 철강보다 약해지는 특징이 있습니다.

저비중강(低比重鋼) : 연비와의 전쟁에서 튼튼하면서도 가벼운 금속을 개발하게 된 것이 저비중강이다. 철과 알루미늄을 금속간화합물로 만들어 강도와 연성이 뛰어나면서도 그 무게가 가벼운 금속을 말한다.

그래서 철과 알루미늄을 섞은 뒤 니켈을 넣고 800~900℃ 고온 열처리를 거친 화합물을 합금 내부에 고르게 퍼지게 해요. 작은 화합물이 합금 내부에 고르게 퍼지면 힘을 가했을 때 발생하는 '미세균열'이 내부에서 진행되다가도 막히면서 강도는 단단해지고 변형은 적어져요.

이렇게 만든 철강 합금은 티타늄보다 2배 단단하고 2배 이상 잘 늘어나 깨지지 않는 특성을 가진답니다. 가격 또한 10분의 1에 불과할 정도의 우수한 신소재로 저비중강이 널리 이용되고 있습니다.

② 하이퍼 NO 전기강판

포스코는 전기자동차의 성능과 직결되는 세계 최고 수준의 전기강판인 'Hyper NO'로 만드는 구동 모터를 개발했습니다. 모터는 전기자동차의 연비를 향상시키고 자동차의 성능을 높여주는 핵심 부품으로 효율 향상을 위해서는 전력 손실이 낮은 전기강판이 필요해요.

포스코의 전기강판인 'Hyper NO'는 전기에너지를 회전에너지로 변화시키는 과정에서 필연적으로 생기는 에너지 손실을 최소화하고, 효율성을 높일 수 있도록 개발돼 기존의 전기강판 대비 에너지 손실이 30% 이상 낮아지는 장점이 있습니다.

이에 포스코는 접착제와 같은 기능을 하는 코팅을 전기강판 표면에 적용하는 '셀프본딩' 기술을 개발했는데, 용접 등 물리적인 방식과 달리 전기강판의 전자기적 특성을 저하시키지 않아 모터효율을 향상시킬 수 있어요. 특히, 소음이 적고, 기존의 용접 체결 방식 대비 모터코어의 에너지 손실을 10% 이상 낮출 수 있는 이점이 있습니다.

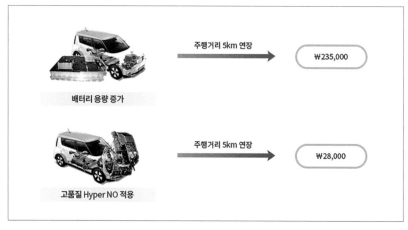

출처 : 전기차 구동모터(포스코)

③ 초고장력강판 기가스틸

포스코는 가벼우면서도 더 안전한 전기차용 차체, 서스펜션, 배터리팩을 개발하기 위해 끊임없는 연구 끝에 '기가스틸'을 개발했습니다. 양쪽 끝에서 강판을 잡아당겨서 찢어지기까지의 인장강도가 980MPa 이상이어서 '기가스틸'이라 부릅니다. 이는 1㎟ 면적당 100kg의 이상의 무게를 견딜 수 있는 초고장력강판으로 십 원짜리 동전만한 크기에 25톤 이상의 무게를 버틸 수 있는 강성을 가지고 있다는 뜻이에요.

> **기가스틸** : 충격 흡수가 탁월해 자동차의 앞뒤 부분인 범퍼빔 등에 적용하고 있다. 이 같은 기가스틸은 자동차의 핵심 뼈대로 고강도강(HSS·High Strength Steel)에 해당되는데 그 쓰임에 따라 울트라 고강도강(UHSS·Ultra High Strength Steel), 첨단 고강도강(AHSS·Advanced High Strength Steel) 등으로 분류된다.

알루미늄보다 3배 이상 강하고, 3배 이상 얇은 강판으로 가벼운 차체를 구현할 수 있을 뿐만 아니라, 소재 가격은 3.5배, 가공비는 2.1배나 낮아 CO_2 배출량을 기존 대비 약 10% 감소시킬 수 있는 장점이 있습니다.

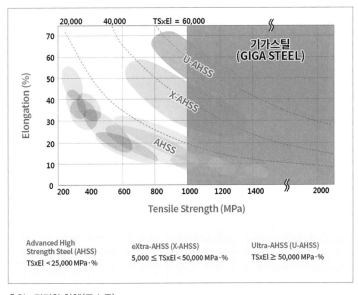

출처 : 전기차 차체(포스코)

④ 극한의 온도에도 깨지지 않는 고니켈강, 고망간강

내조 탱크(Inner Tank)는 영하 163℃의 LNG를 직접 담아두는 내부 탱크로 포스코의 고망간(Mn)강과 9% 니켈강(고니켈강)이 적용됩니다. 9% 니켈강(고니켈강)은 최저 영하 163℃에서 외부적인 충격을 가해도 깨지지 않고 견딜 수 있는 저온 인성이 우수한 강으로서 저장 액화가스 종류에 따라 니켈(Ni)의 함유량이 달라집니다.

고망간(Mn)강은 철에 3~27%의 망간(Mn)을 첨가한 신개념 철강 종으로 영하 196℃의 극저온 환경에서도 깨지지 않으며, 기존에 사용하던 고가의 강재보다 가격이 저렴해 강재 및 용접재료의 원가를 절감할 수 있는 장점이 있어요.

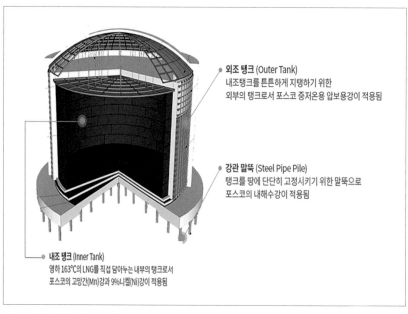

출처 : LNG저장탱크(포스코)

04

철도차량시스템학 계약학과

구분	학교명
고등학교	상주공고 철도전기과(경북 상주시)
	용산철도고 철도운전기계과(서울 용산구)
	한양공고 건설정보과(서울 중구)
전문대학	가톨릭상지대 철도운전시스템과(경북 안동시)
	김포대 철도경영과(경기 김포시)
	경북전문대 철도경영과(경북 영주시)
	대원대 철도건설과/운전경영과(충북 제천시)
	우송정보대 철도교통학부/전기전자학부(대전 동구)
대학교	교통대 철도시스템학과/운전시스템전공(경기 의왕시)
	우송대 글로벌철도교통물류학부(대전 동구)
	배재대 철도건설시스템트랙(대전 서구)
	동양대 철도건설안전공학과(경북 영주시)
	송원대 철도건설환경시스템학과(광주 남구)
	경일대 철도학부(경북 경산시)

지속가능한 발전 사회로 가기 위해 철도차량도 디젤연료를 활용한 차량은 줄어들고 전동차량으로 변경되고 있습니다. 그리고 대륙 간 철도로 사람뿐만 아니라 물류 운송도 안정적으로 공급하기 위한 인프라 시스템을 구축하고 있어요. 또한 유럽에서 유로패스 철도를 이용해 국경을 쉽게 넘나들면서 저렴하게 여행할 수 있는 것처럼, 대륙 간 여행을 더욱 편리하게 하는 데 철도가 큰 역할을 담

당할 것으로 예상하고 있습니다.

철도는 미래 유망 산업이지만 개설된 학교가 많지 않아 취업률이 높은 장점이 있습니다. 특히 우송대와 교통대는 자체 운전교육을 운영하고 있어서, 기관사로도 활동할 수 있는 장점이 있어요.

기관사로 진로를 결정할 경우, 다음과 같이 활동할 수 있습니다. 단계가 많지 않아 기관사 간 직급에 따른 차별이 크지 않다는 장점이 있지만, 진급이 어렵다는 단점도 있어요.

〈기관사 전공 진로〉

졸업 후 25년	운전처장		처장		종합관제실장
			운전직 인력 운영 총괄		관제업무 총괄
졸업 후 20년	소장, 팀장		소장		팀장
			승무 사업소 인력 운영 총괄		열차운행관리 . 운전명령관리
졸업 후 15년	차장		지도차장		관제차장
			운전 계획 수립 교육 훈련		열차운행통제 . 열차운행제어
졸업 후 5년	과장		기관사		관제사
			철도차량운전		관제시스템운영 . 열차운행감시
졸업 후 1년	사원, 대리		기관사 (부기관사)		
			철도차량운전		

출처 : 우송정보대

철도기계로 진로를 희망하는 경우, NCS 역량별 7수준까지 다양하게 직급이 나뉘어져 있습니다. 고졸 출신은 2수준부터, 전문학사 출신은 4수준에서 시작해요. 학사학위 소지자는 5수준에서 시작하게 되기에 자신의 상황을 고려해 진로로드맵을 수립하면 좋을 것 같습니다.

〈철도기계 전공 진로〉

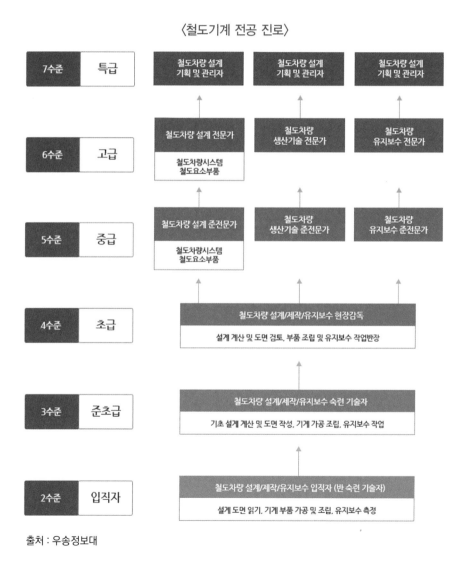

출처 : 우송정보대

05

철도차량시스템학과
교육과정

① **우송정보대 철도교통학부**

〈기관사 전공〉

1학년	2학년
철도영어1 도시철도시스템일반 전기동차구조및기능 철도안전법 철도여객운송 철도운전규칙	토익 열차운전실무 이미지메이킹 전기철도 제동및운전보안장치 철도경영과창업 캠스톤디자인
수리능력 철도영어2 비상시조치 운전이론일반 철도운전취급규정 철도전기차량구조및기능 철도화물운송	철도차량운전면허기능훈련

철도기관사 전공과 기계 전공으로 세분화되어 꼭 필요한 지식을 깊이 배울 수 있는 장점이 있습니다. 아직까지 전공을 정하지 못했다면 선배 찬스를 활용해 입학 후 물어보면서 나중에 진로를 결정하는 것도 좋습니다.

<철도기계 전공>

1학년	2학년
철도영어1 철도안전법 기계정비기초실습 기계제작법 철도차량공학1	3D모델링2 CNC가공기초 기계요소설계 재료역학2 철도CAD심화 철도기계창업 철도소음진동1 현장실습2
수리능력 철도영어2 3D모델링1 기계정비실무 내연기관 재료역학1 철도CAD기초 철도차량공학2 현장실습1	컴퓨터활용 CNC가공실무 경전철시스템 철도소음진동2 철도차량유지보수및안전관리 캡스톤디자인 현장실습3,4,5

우송정보대 철도교통학부의 경우 2학년 2학기에 우송디젤철도아카데미에서 4개월 정도 집중교육을 받으면 철도차량 운전면허를 취득할 수 있는 프로그램이 있습니다. 특히, 전국 대학 최초로 철도차량 교육훈련기관인 우송디젤철도아카데미를 개설, 기관사를 양성하고 있다는 사실도 참고하면 좋아요.

또한 우송대학교 철도물류대학에서 운영하고 있는 모든 프로그램에 참여할 수 있고, 우송대학교와 교육협약을 맺고 있는 현대건설 인재개발원 교육도 받을 수 있어요. 여기에 다양한 영어학습과 해외인턴제도 등을 통해 글로벌 역량도 키울 수 있다는 장점이 있습니다. 코레일, 지하철 공사뿐만 아니라 현대건설, 현대로템 등에서도 일을 할 수 있답니다.

② 가톨릭상지대 철도운전시스템과

1학년	
회로이론1 도시철도시스템일반 철도관련법 전기동차 구조/기능1 운전이론 일반 비상시 조치 전기회로실습	회로이론2 시퀀스 제어실습 도시철도 시스템응용 전기동차 구조/기능2 전기동차운전실무1
2학년	
디지털공학실습 열차운영실무 철도차량 전기 철도차량기계공학1 운전도면해석1 캡스톤 디자인1 철도관제	현장실습 철도차량기계공학2 철도차량유지보수 전기동차 운전실무2 전철전력시스템 철도신호 캡스톤 디자인2

철도운전 교육, 운전도면 해석법, 철도 신호를 익혀서 철도운전능력을 향상시킬 수 있는 실무적인 내용을 배웁니다. 특히, 현장실습을 통해 직접 운전을 익히면서 현장에 바로 투입될 수 있는 경험을 쌓을 수 있어 전기차량운전면허와 철도 교통관제 면허까지 취득할 수 있는 장점이 있어요.

가톨릭상지대의 경우, 대구도시철도 등과 제휴를 통해 관련 인재를 양성하고 있습니다. 2019년 철도기관사과의 경우는 91.7%, 철도통신과는 88.2% 등 취업률이 높은 학과입니다.

이 학과에서는 현재 3개의 전공동아리를 운영하고 있어요. 전임 및 겸임교수들의 전공 또는 강의 분야를 중심으로 한 명의 교수가 1개의 전공동아리를 지도하고 있기 때문에 심화학습을 할 수 있는 기회도 얻을 수 있습니다. 자신의 관심 분야를 고려해 철도 LOFA연구회, 철도안전법연구회, 철도차량운전면허 연구회에 가입하면 좋아요.

③ 교통대 철도공학부 철도인프라시스템공학전공

1학년	2학년
알기쉬운 철도시스템1,2 공학물리1,2 실용영어 공업수학 미래사회와 창의적 인재 환경과 에너지 컴퓨터활용 일반수학	응용역학1,2 궤도재료 및 보선 궤도실험 수리학 철도수요분석 철도환경공학 수문학 환경수리실험 철도노반재료역학 및 실습 수처리공학개론 교통공학 측량학
3학년	4학년
철도구조설계1,2 철도구조해석 철도구조해석 응용 대중교통공학 철도노선계획 철도노반공학 및 실습 철도노반기초 및 설계 선로측량 철도건설 시공학 철도환경영향평가 유체환경계측 상수도공학 하수도공학 선로시스템공학	철도BIM설계 고속철도공학 궤도설계 해외철도프로젝트 관리 철도시설계획 신교통시스템 철도GIS 소음진동공학 도로공학 철도역사설계 교통정책 철도환경오염특론 건설환경빅데이터 철도안전진단 철도사업관리 철도시스템인터페이스 철도암반 및 터널공학 캡스톤디자인

우리나라에서 새로운 철도 인프라를 설치하는 것은 힘들지만, 만약 통일이 된다면 북한, 그리고 시베리아와 미국 알래스카와 연결하는 등 새로운 인프라를 설계할 수 있습니다. 또한 하이퍼루브를 설치할 경우 새롭게 인프라를 설계해야 하기에 관련 인력이 많이 필요하므로 철도인프라 분야에도 관심을 가지는 것이 좋겠죠.

교통대 철도공학부 철도인프라시스템공학전공 수업에서는 철도와 철도인프라에 관련한 내용뿐만 아니라 환경, 수문학, 상수도공학, 하수도공학, 교통정책 등 인프라를 형성하기 전 고려해야 할 내용을 폭넓게 배웁니다.

학생들에게 일방적으로 지식을 전수하는 것이 아니라 교수와 학생, 학생과 학생 간의 토론을 통해 학생들 스스로 창의적 방식으로 문제를 해결할 수 있도록 교육하기에 토론의 시간도 많이 가질 수 있어요. 그 일환으로 세미나 시간을 통해 학생들 간의 자유로운 사고의 교류가 이루어질 수 있는 환경을 조성하고 있답니다. 이로 인해 자신의 역량을 극대화할 수 있으며, 철도 인프라에 대한 사고의 폭을 넓힐 수 있는 시간이 될 것입니다.

이렇게 학교 교육과정을 잘 이수한다면 철도 관련 공공기관 및 기업에서 그 임무를 잘 수행할 수 있으며, 창의적인 능력을 갖춘 고급 철도공학자로 성장할 수 있습니다.

06

철도차량시스템학과를 위한
과목 선택

2022 개정교육과정에서는 융합선택과목과 진로선택과목으로 세분화되어 자신이 전공하고자 하는 분야에 대해 깊이 배울 수 있도록 선택과목의 폭을 넓혔습니다.

교과	선택과목		
	일반선택	융합선택	진로선택
국어	화법과 언어 독서와 작문 문학	독서 토론과 글쓰기 매체 의사소통	주제탐구 독서 문학과 영상
수학	대수 미적분I 확률과 통계	실용통계 수학과제 탐구	미적분II 기하 인공지능 수학 심화수학I, II 고급수학I, II
영어	영어I 영어II 영어독해와 작문	실생활 영어회화 미디어 영어	영어 발표와 토론 심화영어 심화영어 독해와 작문
사회	사회와 문화 현대사회와 윤리	역사로 탐구하는 현대세계 사회문제 탐구 윤리문제 탐구	도시의 미래 탐구 법과 사회 윤리와 사상 인문학과 윤리

			역학과 에너지
과학	물리학 화학 생명과학 지구과학	과학의 역사와 문화 기후변화와 환경생태 융합과학 탐구 물리학실험	역학과 에너지 전자기와 빛 물질과 에너지 지구시스템과학 과학과제 연구 고급 물리학
교양	논리학 진로와 직업 논술 정보		지식재산 일반 정보과학

☑ 철도차량시스템학과를 희망하는 경우 고등학교 때 어떤 과목을 꼭 들으면 좋을까요?

철도차량시스템학과에서는 기계공학 관련 과목, 기초전기전자, 컴퓨터, 수학 등의 교과목과 철도차량과 관련된 컴퓨터 응용설계, 철도차량 공학 등의 여러 응용과목을 공부합니다. 따라서 고등학교 때 수학과 물리와 컴퓨터 프로그래밍과 같은 수업을 들으면 좋겠죠. 또한 수학과제탐구나 사회문제탐구, 과학과제연구 과목에서도 자신의 진로 역량을 뽐내는 것도 좋아요. 특히 하이퍼루프 열차를 통해 대륙 간 이동을 하는 시대가 머지않아 도래할 것인데 하이퍼루프를 어디에 설치할 것인지, 이를 설치해서 미관을 해치게 된다면 어떻게 이를 보완할 것인지 탐구하는 것도 좋습니다.

언제, 어디에서 열차 지연(도착, 출발 모두 포함)이 발생하는지, 만약 지연이 된다면 무슨 이유인지, 어떻게 하면 지연되지 않게 운행할 수 있는지 등 프로그램을 짜 보는 것도 철도차량 시스템을 이해하는 데 도움이 됩니다. 해결방법으로 데이터 클리닝이나 데이터마다 델타 지연 변수를 계산하는 것도 심화활동으로 좋을 것입니다.

이 밖에도 독서 토론과 글쓰기, 매체 의사소통, 주제탐구 독서, 문학과 영상 등을 통해 자신의 생각을 키우는 것도 추천합니다. 또한 틈틈이 인문학 책을 읽고 자신만의 공학 철학을 쌓아보는 것도 좋아요.

앞으로 생활기록부에 독서활동이 대학에는 반영되지 않기 때문에 위의 과목들을 활용하는 것도 좋을 것 같아요. 그러면 인문학적 소양을 겸비한 공학인으로 융합적 능력을 갖춘 모습을 보여줄 수 있을 것입니다.

기하, 미적분과 심화수학I, 물리학I·II를 듣고 융합적인 탐구를 진행할 수도 있습니다. 기차를 타고 있을 때, 빠른 속도로 커브구간을 돌 때도 어김없이 원심력이 발생하는데 이때 원심력을 잘 다루지 못한다면 승객들의 승차감이 크게 떨어지고 사고의 위험이 생길 수도 있습니다. 따라서 철도차량의 무게중심을 어떻게 잡는지 알아보는 것도 좋아요. 커브 안쪽 레일보다 바깥쪽 레일을 더 높게 만들면 차량의 하중을 안쪽으로 더 많이 집중시켜 바깥쪽으로 기울어지는 것을 막아줍니다. 이때, 바깥쪽 레일과 안쪽 레일의 높이 차이를 캔트(cant)라고 하는데 해당 구간의 곡선반경이나 주행 차량의 운행 속도 등의 변수들을 모두 고려한 내용을 미적분과 관련한 탐구 주제를 선정하는 것도 좋습니다.

또한 자동차와는 달리 열차의 바퀴는 잘린 원뿔형으로 바깥쪽에 비해 안쪽 지름이 넓고 테두리에 플렌지(Flange)가 있으며, 자축으로 양바퀴가 연결되어 있습니다. 플렌지의 간격은 레일 궤간보다 좁아 직선 구간에서는 선로와 닿지 않지만 곡선 구간에서는 접촉이 일어나며 탈선을 막아주는 역할을 합니다. 이와 관련된 활동을 하면서 발표 시에는 종이컵으로 그 현상을 보여주는 것도 좋습니다. 바닥과 입구의 지름이 다른 종이컵을 눕혀서 굴려보면, 원호를 그리며 커브로 돌아가는 원리가 바로 이런 현상이죠.

07

철도 관련 재미있는
탐구활동

① 승강장 발빠짐 현상을 줄일 수 있는 방법 탐구

열차의 승하차 시 열차와 승강장 사이의 바닥 간격이 넓어서 어린이나 휠체어 발빠짐 사고가 빈번하게 발생합니다. 특히 곡선 승강장은 양 끝 기준 90mm 이내로 간격이 벌어지지만, 중앙부분은 최대 215mm까지 벌어지는 경우가 있어 더 심각해요. 그런데 이런 곡선 승강장에서는 안전 발판을 설치하기도 힘들어요. 이런 경우 효과적으로 문제를 해결할 수 있는 방법이 없는지 자세히 탐구해 볼 수 있습니다.

→ 발빠짐 현상이 일어나지 않는 안전 보조장치를 개발할 수 있는 방안 탐구하기

기사명		관련 영역	
주제명			
읽게 된 동기			
탐구 내용			
느낀 점			
추후 심화 활동			
학생부 브랜딩			

② 기관사 없는 무인열차 안전성 확보 탐구

열차 사고의 상당수가 단전, 열차 고장, 신호장애 등 운영 장애로 발생합니다. 또한 제 위치에 정차하지 않고 미끄러지는 '슬립 슬라이드' 현상이나 전동차와 신호시스템 간 통신이 두절되는 '타임아웃' 등 다양한 사고가 발생합니다. 더욱 안전하게 운전할 수 있는 방법에 대해 탐구해 볼 수 있습니다.

→ 무인 열차 안전성을 확보할 수 있는 방안 탐구하기

기사명		관련 영역	
주제명			
읽게 된 동기			
탐구 내용			
느낀 점			
추후 심화 활동			
학생부 브랜딩			

③ 자기부상열차의 실패 이유 탐구

인천국제공항에서 영종도 서쪽 해변의 용유역을 연결하는 인천공항자기부상철도가 '폐업' 수순을 밟고 있습니다. 막대한 예산을 투입해 국내 기술로 실용화에 성공, 설치된 자기부상열차지만 시장에서 선택을 받지 못하고 물러나게 되었죠. 또한 고가 방식의 자기부상열차가 도시 미관을 해친다는 이유로 트램(노면전차)으로 방향을 틀었습니다. 이런 여러 경우의 수를 고려해 하이퍼루프를 도입할 수 있는 방안을 탐구해 볼 수 있습니다.

→ 자기부상열차의 실패 이유를 탐구하고, 이후 하이퍼루프를 안전적으로 도입할 수 방안 탐구하기

기사명		관련 영역	
주제명			
읽게 된 동기			
탐구 내용			
느낀 점			
추후 심화 활동			
학생부 브랜딩			

조기취업형
계약학과 선도대학

01

조기취업형 계약학과

조기취업형 계약학과는 대학과 기업이 계약을 통해 현장실무역량을 갖춘 인력을 양성하고 있습니다. 기업에서 필요한 인력을 양성하기 위해 교육비의 일부를 기업에서 부담하고, 대학은 기업 수요에 맞춰 교육과정을 개발 및 운영으로 기업에 인재를 공급합니다. 조기취업형 계약학과는 입학과 동시에 취업이 확정되어 2학년 때부터 일과 학업을 병행하며, 학사학위를 3년 만에 취득할 수 있습니다.

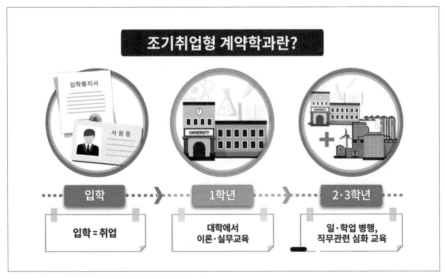

출처 : 조기취업형 계약학과 선도대학 종합포털

조기취업형 계약학과 운영 대학 알아보기

2018년부터 시작되어 현재 8개 대학 28개 학과가 참여하고 있습니다. 참여대학별 3~4개의 조기취업형 계약학과를 운영하고 있으며, 4차 산업혁명에 따른 맞춤형 학과들로 구성되어 있습니다.

출처 : 조기취업형 계약학과 선도대학 종합포털

지역	대학	학과
경기	가천대	첨단의료기기기학과 게임영상학과 디스플레이학과 미래자동차학과
	한국산업기술대	ICT융합공학과 융합소재공학과 창의디자인학과

경기	한양대 에리카	소재부품융합전공 로봇융합전공 스마트ICT융합전공 건축IT융합전공
충남	순천향대	스마트모빌리티공학과 스마트팩토리공학과 융합바이오화학공학과
전남	국립목포대	첨단운송기계시스템학과 스마트에너지시스템학과 소프트웨어학과 스마트비즈니스학과
	전남대	기계IT융합공학과 스마트융합공정공학과 스마트전기제어공학과
부산	동의대	스마트호스피탈리티학과 미래형자동차학과 소프트웨어융합학과
경북	경일대	스마트팩토리융합학과 스마트전력인프라학과 스마트푸드테크학과 스마트경영공학과

조기취업형 계약학과의 이점

① 배운 내용을 업무에 적용해 실력향상과 좋은 이미지 전달

학교와 회사를 병행하기 때문에 학교에서 배운 내용을 더 자세히 찾아보고 공부하면서 그것을 곧바로 업무에 적용하기에 업무 적응 능력과 실력을 더욱 향상시킬 수 있습니다. 회사에서 업무 경력이 있는 선배들의 도움을 톡톡히 받는 것이 이점이 됩니다. 열정적인 자세로 개발자의 지식을 얻겠다는 마음가짐으로 질문하면 더 많은 지식을 얻을 수 있고, 하고자 하는 열정이 좋은 인상을 심어주어 현장 체험한 기업에서 취업으로 바로 연결도 가능합니다. 또한 실력을 쌓아 경력직으로 이직하는 데에도 많은 이점이 있습니다.

② 배운 것을 백 퍼센트 활용하는 기쁨

꾸준히 공부하고 일심히 일한 결과로 더 다양한 프로젝트를 맡을 수 있어요. 학교에서 배운 지식을 바탕으로 프로젝트를 진행하니 공부한 내용을 100% 활용하기에 더 높은 성과로 이어집니다. 실제 프로젝트를 성공적으로 마치면서 쌓은 지식은 실전에서 바로 활용할 수 있는 능력이 되어 자신감을 가지고 현장에 임할 수 있습니다.

③ 일하면서 찾은 나의 숨은 능력

일하면서 가장 중요한 부분 중 하나는 업무가 적성에 맞아야 한다는 것이에요. 적성에 맞으면 그만큼 시간을 절약할 수 있고, 다양한 나노학위과정을 이수하여 실력을 쌓을 수도 있습니다. 또한 소비자가 요구하는 부분이 무엇인지 파악하고 이를 개발하는 능력까지 갖춰, 자연스럽게 고객사와 개발자 간의 의사소통 능력과 조율하는 능력까지 익힐 수 있답니다.

④ 하나씩 채워지는 포트폴리오

학교에서는 다양한 분야를 배우고 실무에서는 회사의 맞춤형 결과물을 만들어내면서 자신감이 생깁니다. 하나하나 채워지는 포트폴리오를 보면서 내가 계속 발전하고 있다고 느낄 수 있죠. 본인이 직접 만든 광고를 통해 홈페이지 유입률이 높아지고, 직접 그린 그림을 웹툰 형식으로 만들면서 디자인에서 3D 애니메이션까지 폭넓게 지식을 익힐 수 있어요.

디자인 분야 외에도 여러 가지 공학을 융합시킨 지식이나 4차 산업 혁명 등 새로운 시대의 기술을 디자인에 적용하면서 다양한 결과물을 만들어내게 됩니다.

02

스마트모빌리티공학과

입학과 취업을 위한 창의적 실무인재를 양성하기 위해 3년 6학기제로 운영되어 학사학위를 취득할 수 있어요.

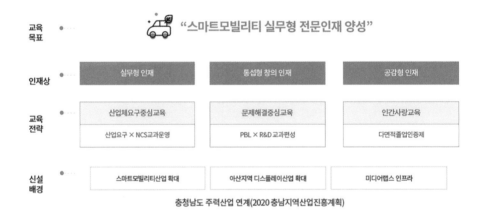

교육 목표	•	"스마트모빌리티 실무형 전문인재 양성"		
인재상	•	실무형 인재	통섭형 창의 인재	공감형 인재
교육 전략	•	산업체요구중심교육	문제해결중심교육	인간사랑교육
		산업요구 × NCS 교과운영	PBL × R&D 교과편성	다면적졸업인증제
신설 배경	•	스마트모빌리티산업 확대	아산지역 디스플레이산업 확대	미디어랩스 인프라

충청남도 주력산업 연계(2020 충남지역산업진흥계획)

출처 : 순천향대 조기취업형 계약학과

1학년	2학년	3학년
대학수학		
대학화학1,2	스마트 생산계획 및 관리	
대학물리학	3D프린터	스마트생산설계및데이터분석
IoT입문	현장기술과 실무1,2	CO-PBL 2
스마트모빌리티개론	PLC입문	현장기술과 실무3,4
대학화학실험	전기화학	수소자동차공학
대학물리학실험	3D CAD	PLC프로그래밍2
디자인싱킹	전기회로 이론	소프트웨어개발
CAD입문	기초프로그래밍	드론개발개론
공업수학	에너지생산및저장공학	융합아이템설계
스마트 품질관리	스마트공정및설비관리	2차전지 소재공학
열역학	CO-PBL1	반도체공학
유기화학	전력전자공학	차세대디스플레이
물리화학	전기자동차공학	신재생에너지론
재료공학개론	PLC프로그래밍1	자율주행자동차설계
스마트에너지시스템개론	전자회로이론	AI프로그래밍
디스플레이개발개론	자율주행이론	
스마트 환경안전관리	전지모듈설계	
CAD 설계		

이론적인 내용뿐만 아니라 실무적인 능력까지 익힐 수 있으며, 2학년부터 현장에서 기술을 익힐 수 있어 습득 능력을 극대화할 수 있어요.

〈스마트모빌리티공학과와 제휴된 기업〉

기업	특징
넥스콘테크놀러지	주요생산품 : 2차 전지용 배터리 보호회로(PCM) 외 직무 : 하드웨어 및 소프트웨어 개발, 기계품질경영, 생산설비 기획 및 제작
다람기술	주요생산품 : 전자부품 검사장비 직무 : 전자제품 및 기구 설계
드래곤모터스	주요생산품 : 특장차 제조 및 정비 직무 : 생산관리, 기술연구 CAD 도면설계

어썸리드	주요생산품 : 반도체 장비 표면처리, 금속 표면처리 등 직무 : 화학공정유지운영, 공정기술, 생산관리
유동금속	주요생산품 : 자동차 차체부품 외 직무 : 미래사업 대응 및 설비관리
이티에스	주요생산품 : 전기장비 직무 : 자동제어기기설계, 임베디드 SW개발
에스엘티	주요생산품 : 반도체 제조용 기계 제조업 직무 : 반도체 기구 설계
유엘피	주요생산품 : 운송용 컨테이너, 캠핑용 트레일러 직무 : 자동차 설계, 자동차 시험평가, 수소자동차 연구 등
제닉스	주요생산품 : 현대로템 AGV 사업 직무 : 로봇소프트웨어 개발
코론	주요생산품 : 나노 초정밀 가공기, 자동화 시스템 직무 : 자동제어기기설계, 반도체장비개발, 디스플레이개발

　더 많은 기업과 제휴되어 있으며, 기업의 상황에 따라 변경될 수 있으니 지원하기 전에 사전 파악을 합니다. 기업에 합격한 후 관련 지식을 습득하는 방식으로 필요한 지식을 배울 수 있다는 장점이 있습니다.